世界一受けたいサッカーの授業

戦術・戦略に欠かせない100の基本

ミケル・エチャリ 著
岡崎 篤 構成

フットボールにおける普遍的な知識

　ミケル・エチャリ氏が住むサンセバスチャンの街を彼と一緒に散歩すると、前になかなか進めなくなるくらいに多くの人たちが、みんな笑顔で彼に声をかけてきます。人と人との触れ合いをこよなく愛する彼の生きざまが、見える瞬間です。彼は、全ての人に対し、心から分け隔てなく接します。サッカーの理論も、みんなと共有しようとします。

　2011年、ミケルからフットボールを学びたいと考えた私は、レアル・ソシエダ（スペイン）で働く彼を訪ねました。彼は、自分の元に初めて訪れた、スペイン語がまだままならない私を相手に、多忙な身でありながら、ていねいに2時間の講義をしてくれました。それからというもの、周りの人がそうであるように、私も、彼の人間性にどんどんと引き込まれていきました。彼は、その生き方を通して、「成長することは、分け合うことと同義だ」と言っているようです。

　そんなミケルは、半世紀にわたって、膨大な量の議論を重ね、多くの現場経験を積んできました。そして、こう言います。「フットボールを考察し続ける中で、気づいていったことがあるんだ。それは、どんなシステムにも、どんなプレーモデルにも、何人制の試

合でも、そのすべてにおいて活用できる知識の存在の重要性だよ」と。彼が表した「言葉」を取り上げ、日本の読者向けに日本人である私が構成した本書では、フットボールにおけるそうした「普遍的な知識」が、シンプルに表現されています。

　何事も考察を深めていくとシンプルな答えにたどりつくと言われますが、この本では、彼がフットボールを深く考察してきたがゆえに出合ったシンプルな概念が、まさに紹介されています。その内容は、戦術や技術の枠にとどまりません。「フットボール概論」と呼ぶにふさわしい書になっています。考え方や表現がユニークだと感じられるでしょうが、そこには、スペイン・サッカーの根本的な考えが、少なからず影響を及ぼしています。知識を道具にしてゲームを有利に進めていこうとする、スペインのサッカーの考え方を感じていただけたらと思います。

　ミケルにとっては、みなさんがこの本を手に取ってくださること自体が喜びです。フットボールを愛し、他人と共有することを好む彼が、日本という遠く離れた国の同志たちと自身の理論を通じてつながるわけですから。本書を読み進めていただけると、本人は、さらに満足すると思います。

岡崎篤

はじめに

1996年にシャビエル・アスカルゴルタが横浜F・マリノスを、2000年にはベニート・フローロがヴィッセル神戸をそれぞれ監督として指揮するために、スペインから日本に向かいました。ふたりとも、私のフットボール仲間です。私が指導者として20年携わったレアル・ソシエダでプレーしていた、フアン・アントニオ・ゴイコエチェアとアイトール・ベギリスタインも、同じ頃に、それぞれ横浜F・マリノスと浦和レッズに選手として向かいました。この時期は、私が日本のフットボールを初めて意識し、それを追い始めた時代でもありました。

99年にパラグアイで行われたコパ・アメリカにおける、日本代表のプレーを非常によく覚えています。そこで良いパフォーマンスを発揮していた城彰二は、00年にバジャドリード（スペイン）に移籍してきました。その後、日本のフットボールは、そのステータスを瞬く間に上げ、日本人選手たちは、海外のリーグに活躍の場を求め始めました。外国籍の選手たち、特にブラジルやヨーロッパの選手たちは、プレー機会を求めて日本に向かうようになりました。日本人という素材は、フィジカル的にも戦術的にも技術的にも、アッという間に進化を遂げていきました。そんな「高度成長」を果たした日本フットボールは、国際的にも目を引く存在になりました。

私は、09年に日本代表に関する分析を行う依頼を受けました。当時戦っていた南アフリカ・ワールドカップの最終予選から翌年の本大会終了まで、細かくチェックしました。その後、12年に行われたトゥーロン国際大会に参加したU−20日本代表とロンドン・オリンピックに出場したU−23日本代表を追いました。そこでプレーしたメンバーは、現在のA代表を含め、日本のフットボール界を牽引する存在になっています。これらの分析は、私の友人であり、日本のフットボールライターである小宮良之氏とともに行ったものでした。そして、彼の協力により、「日本サッカースカウティング127選手」（東邦出版）という本を出版するに至りました。この本は日本の優秀な選手たちを私の視点で分析したもので、作業の過程において、日本のフットボールへの理解がより深まったことを覚えています。

そんな風にして、日本のフットボールとのつき合いが深まりつつあった頃、ある日本人が私の元を訪れました。「あなたからフットボールを学びたい」と言うのです。岡崎篤という青年でした。将来、プロクラブの監督になる目標を持つ彼は、バスクの地で現場経験を積み、ライセンス取得のために指導者養成学校で励む日本人指導者でした。彼は、私と日本をつなぐ橋渡し役になり、13年夏、14年夏、15年夏

と、日本を訪れる機会を私に3度与えてくれました。柏レイソルや大阪のクラブであるT・フジタSC枚方の協力もあり、カンファレンスを通じて、日本の指導者のみなさんに自分の指導理論を聞いていただく機会に恵まれました。また、ガンバ大阪、大宮アルディージャ、柏レイソルといった日本のフットボールを牽引するクラブや日本サッカー協会を訪問することもできました。

「常に前を向いて歩いていく」、「周りとともに成長していく」、「物事に一生懸命に誠実に取り組む」、「各々が持つ知識をみんなで共有する」。これらは、私が大事にしていることで、本書を通じて強調したいテーマでもあります。この本では、ロジックを用いてフットボールを理解することを大切にしています。その知識は、選手の個の成長を助け、指導者の日々の現場活動でも役立つでしょう。

「自身の職業を深く観察し、分析することは、その職が継続して発展する上で必要不可欠です。私たちにとってそれは、フットボールを深く理解することでしょう」。この本の内容が、みなさんの現場活動において少しでも活かされることを心から願っています。

　　　　　日本のみなさんに愛を込めて
　　　　　　　　　　ミケル・エチャリ

本書の刊行に寄せて

推薦者1

ウナイ・エメリ
（パリ・サンジェルマン監督）

1971年11月3日生まれ。スペイン・バスク州出身の指導者で、現在はパリ・サンジェルマン（フランス）の監督を務める。レアル・ソシエダB（U-23）でプレーしていた時代にエチャリから指導を受け、今もエチャリとの親交が深い。

「壁パスのコミュニケーション」をこれからも続けたい

　ミケル、僕たちは、フットボールに関して、いつも議論を交わしてきた。それはあの日、レアル・ソシエダB（U-23）の選手だった僕をあなたが指導し始めたあのときから始まった。その場所はと言えば、もちろん、レアル・ソシエダの総合練習場、スビエタだ。

　以来、絶えることがなかったあなたとの議論をこれからももっともっと続けたいと、心から願っている。それは、自分たちの考察を深め、成長へとつなげてくれる。僕たちは、それこそ、あなたの本の中に出てくる壁パスの壁役とパスの出し手みたいなものだ。時には僕が壁役になり、逆にあなたが壁役になることもある。ふたりの間には、そうやって、「壁パスのコミュニケーション」が成立してきた。

　今、あなたは、僕が指導するチームの試合を見る。そして、僕たちは、その中にあるフットボールの細部について話をする。そこにはフットボールの未開拓の分野がまだたくさんあり、新たな発見を楽しんでいる。あなたが見つけた「数的優位よりもポジション優位の方が重要」というコンセプトも、そうした多くのフットボールの議論の中から生まれてきたのだった。

　日本のみなさん、この本は本当に価値があるものだと思う。ぜひ、彼の知識に触れてみてほしい。

推薦者2
フアン・マヌエル・リージョ
（セビージャ ヘッドコーチ）

1965年11月3日生まれ。スペイン・バスク州出身の指導者で、現在はセビージャのヘッドコーチを務める。スペインで最もサッカーを知る指導者のひとりとして評判。駆け出しの頃に、講師だったエチャリの授業を指導者養成学校で受ける。エチャリとは、それ以来、固い絆で結ばれ、「兄弟」とまで言われている。

多くの人のパラシュートが開く

　ミケルの本の推薦文を書けることは、すごくうれしい。なぜならば、フットボールの見方を僕に最初に教えてくれたのが彼だったからだ。僕は、彼のようにフットボールを見ることができるようになりたかった。非常に深い考察力で観察し、分析していた彼のあのメガネを手に入れることができたら、もう何も必要ないと思った。

　あれから、長い時間が経過した。彼は、あの頃と同じ情熱でフットボールをもっと知ろうとしている。彼に触れると、自分がいかに無知かを知ることができる。そして、もっと知りたいと強く思うようになる。

　彼の「ときめき」は、色あせることが一切ない。より新しい人的知的交流を求め、約40年も毎年途切れることなく、自前のカンファレンスを開催し続けている。新しい知識を発見し、それを伝達する理想的なメソッドとは何なのかを半世紀近くも考察し続けてきたのが彼なのだ。これまでに数え切れないほどのフットボールを見てきているのに、その目はフットボールを初めて見た子どものように輝いている。

　彼は考察することを愛し、意見をぶつけることを愛する。自分が見ているものとほかの人が見ているものとを目の前に並べることが好きなのだ。フットボールのロジックな部分に魅力を感じ、それをみんなと分け合おうとすることが好きなのだ。どのアイディアが誰から生まれてきたものなのかをしっかりと識別し、その識別に最高の敬意を払う。時には議論の中で声を荒げることがあるが、これは目の前の人そのものを否定しているわけでは決してない。そして、そうした経緯を人間関係に持ち込むことは、絶対にない。その姿勢は、昔も今も何も変わっていない。

　僕は、彼のことを心から尊敬している。彼は、多くの知識を僕にもたらしてくれた。人々が思っているよりも、もっと多くのものをもたらしてくれた。どうして、そんなことができるのか？　彼が自身の知識を一切隠そうとしないからだ。全てを包み隠さずに表現し、自身が時間をかけて発見してきたものの全てを分け隔てなくみんなと分かち合おうとするからだ。自身の知識をとにかく多くの人に届けようとする、そんな彼の存在が、多くの人のパラシュートが開くきっかけになっていく。そのパラシュートの持ち主のひとりが僕なのだ。

　それほどまでに情熱を傾けて考察するので、彼は、多くのコンセプト（フットボールにおける普遍的知識）を導き出してきた。そして、それは全て自分の言葉で表現されている。彼自身の中からわき出たものだ。

　僕が使う言葉には彼が生み出したものがたくさんあり、僕は、それらを日々の現場で用いている。僕の歩みは、彼の影響を大きく受けている。彼の本にこうやって登場させてもらえることを心から光栄に思う。

本書の刊行に寄せて

推薦者3

ジョゼップ・グアルディオラ
（マンチェスター・シティ監督）

1971年1月18日生まれ。スペイン・カタルーニャ州出身の指導者で、現在はマンチェスター・シティ（イングランド）の監督を務める。現役時代は主にFCバルセロナ（スペイン）でMFとしてプレーし、ヨーロッパ・チャンピオンズカップ（当時）などのタイトルを手中に収めた。地元で行われた92年のバルセロナ・オリンピックで金メダル。フル代表では、94年の米国ワールドカップに出場したが、ベスト8にとどまった。監督としては、FCバルセロナを指揮した初年度にあたる2008－09年シーズンにおいて、UEFAチャンピオンズリーグ、国内リーグ、国内カップの3冠獲得を達成。09年のクラブワールドカップでも優勝した。エチャリとは、リージョを通じて知り合った。

偉大な分析家、フットボール界の先生、優秀な監督であるミケル

僕の友人でフットボールに人生を捧げた偉大な分析家であるミケルの著書について、こうしてコメントを寄せられるのは、すごく光栄なことだ。ただ、フットボール界の先生で優秀な監督でもある彼がこの世界に残そうとしてくれていることを限られたスペースの中で伝えるのは、無理がある。彼の功績は、それくらい素晴らしい。

彼は、人生のほとんどの時間をフットボールの分析に費やした。何よりもすごいのは、その知識を隠すことなく存分に、そして、分け隔てなく全ての人たちと分かち合おうとするところだ。特に指導者の道を歩み始めた若い指導者に、それを伝えようとしている。彼のおかげで、僕たちは、フットボールの奥深さと多様性について、多くのことを考えさせられてきた。

彼のそうした知識の多くが、100の言葉の中に詰め込まれている。このフットボールのエッセンスが、言葉という形をまとって目に見えて表現されている。これらの言葉だけでフットボールの全てを語ることは、もちろん難しい。しかし、僕たちは、これらをきっかけとして、フットボールの何かをより深く考察できるだろう。自分たち自身の理論を構築させる「触媒」になることも、間違いないと思う。

ぜひ、この本を手に取り、フットボールを考察するみなさんの旅のおともにしてほしい。

推薦者4

ホルヘ・バルダーノ
（元レアル・マドリード監督）

1955年10月4日生まれ。アルゼンチン・サンタフェ州出身の元同国代表FWで、ディエゴ・マラドーナらとともに、86年のメキシコ・ワールドカップ優勝に貢献した。87年にレアル・マドリード（スペイン）で引退したが、その後も同クラブの仕事に携わり、監督や強化ディレクターなどを歴任した。94－95年シーズンに、監督としてスペイン・リーグを制覇。強化ディレクターだった時代に、レアル・ソシエダで同職だったエチャリと親交を結んだ。

膨大な時間によって醸成された崇高な知識が収められている

フットボールという複雑な存在を複雑なまま理解するために情熱を費やす、それがミケルでしょう。私の大切な友人の彼は、フットボールをとにかく観察し、分析します。そんな彼の中から生まれてくるコンセプトのおかげで、フットボールが見やすくなるのです。フットボールの理解が深まるのです。

それらのコンセプトは、言葉という衣をまとい、よりわかりやすくシンプルに説明されていきます。ピッチの中で活かされることもあれば、もっと大きな視野の下で、フットボール以外の職業、研究、人といった分野にも及んで活かされます。とてつもなく長い時間の考察を続けた人からしか出てこない言葉ばかりです。膨大な時間によって醸成された崇高な知識が収められているこの本を手に取っているみなさんは、とてつもない幸運に恵まれていると言えるでしょう。

この本を思い切り楽しんでください。それは、フットボールを満喫することにもなるのです。

目次 CONTENTS

フットボールにおける普遍的な知識 —— 2

はじめに —— 4

本書の刊行に寄せて —— 6

MIKEL ETXARRI's BASIC NOTE 100
戦術・戦略に欠かせない100の基本

1　知識の伝達方法は議論の的になり続ける —— 20

2　育成年代の目的設定と
　それを達成するための方法論 —— 21

3　そのほかの職業で行われているような継続した観察や分析は、
　フットボールという職業においても、
　職業訓練の質を維持向上させるために必要である —— 22

4　知識の伝達を通じて、フットボールを
　『見る』ことをサポートする —— 23

5　フットボーラーはピッチで
　思慮深い存在でなければならない —— 24

6　戦術の進化は終わりを知らない —— 25

7　監督は自チームがロジックを
　機能させられるようにしなければならない —— 26
　「7」を実践する練習例 —— 27

8　戦術は技術よりも短い時間で習得される —— 29

9　戦術的判断に影響を及ぼす要素には、
　スペース、スピード、時間がある —— 30

10 決断されたアクションは味方に安定を与え、
相手には対応を余儀なくさせる。
その結果、相手をだますことにつながる —— 31

11 ロジックを通じて入ってくるものは
必ず身につけることができる —— 32
「11」を実践する練習例 —— 33

12 相手よりもいかに賢いか —— 35

13 フットボールにおける会話は『動き』を通じて行われる —— 36
「13」を実践する練習例 —— 37

14 常に何かをやっていなければいけない —— 39

15 プレーのリハーサルは実際のプレーで
回答を見つけることを速め、そして、
それはフットボールのスピードを上げる —— 40

16 各選手に求められる機能は
スペースをどう共有するかによって決まる —— 41

17 いいプレーをするにはボールから
目を切らなければいけない —— 42
「17」を実践する練習例 —— 43

18 選手は自分の目の高さから情報を得てプレーしている —— 45

19 各ポジションの機能を知っておくことが重要 —— 46
「19」を実践する練習例 —— 47

20 選手の動きはアクションと
リアクションの原則に基づく —— 50

21 目的を変更するための戦術的豊かさ —— 51
「20」「21」を実践する練習例 —— 52
「20」「21」の解説 —— 55

22 繰り返し発生する不均衡の中で均衡を見つけ続ける —— 56

23 スペースを埋める作業は
ポジションバランスの獲得につながる —— 57

24 話すことは情報の伝達を意味する —— 58

25 作られるスペースと埋められるスペース —— 59

26 近い方から離れて遠い方を背中で受ける —— 60
「26」を実践する練習例 —— 61

27 リベロとマーカーの距離を制限する —— 63

28 ボールに対して遠い方が修正する —— 64

29 声で押す —— 65
「28」「29」を実践する練習例 —— 66

30 数的優位よりポジション優位の方が大事である —— 68
「30」を実践する練習例 —— 69

31 良いフットボールをするのは難しく、
その形はひとつではない —— 71

32 フットボールをプレーする際の目的は
『点を取られず』に点を取ることである —— 72

33 技術的に貧しいチームは、スペースを
確保した状態でプレーできるように、速攻を志向するべきだ —— 73

CONTENTS

34 全ての瞬間で攻撃と守備が存在する —— 74
「34」の解説 —— 75

35 指導者は、ボール近くの現在のエリアではなく、
その先に有益になる未来のエリアに集中するべきである —— 76

36 ボキャブラリーは選手と指導者の間で
共通したものであるべき —— 77

37 多様な目的を達成するための中間ポジション —— 78

38 リスタートのアドバンテージ —— 79

39 未来に注意する —— 80
「39」を実践する練習例 —— 81

40 価値のあるスペースに
変わり得る場所を相手よりも速く予測する —— 83

41 パフォーマンス向上のカギとなる視野の確保 —— 84
「41」を実践する練習例 —— 85

42 幅は失ってもいいが、深みを失うことはできない —— 87

43 ピッチ中央でのポジションバランス —— 88

44 騒音の中を生きる —— 89

45 フットボールにおける才能とクオリティー —— 90

46 背景を知ることもプレーを評価する一部である —— 91

47 基本的なことをいかに素晴らしく行えるか —— 92
「47」を実践する練習例 —— 93

48 ポジションバランスの獲得は
パスコースを作ることにつながる —— 95

49 正しく動く 11 本の棒を突破するのは難しい ―― 96

50 似たような状況での同じ回答 ―― 97

51 90 分間で得られなかったものを取り返すことはできない ―― 98

52 逆サイドのサイドバックの動き ―― 99

53 攻撃陣の守備戦術の欠如はチームに危険をもたらす ―― 100
「53」を実践する練習例 ―― 101

54 遠い方のセンターバックが守備を指揮する ―― 103

55 近い選手によるプレッシングと遠い選手による警備 ―― 104
「55」を実践する練習例 ―― 105

56 ペナルティーエリア前での最後のディフェンダー ―― 106
「56」の解説 ―― 107

57 円を描く動きとポジション優位 ―― 109

58 ラインをカバーリングするための
逆サイドからのダイアゴナル ―― 110
「58」を実践する練習例 ―― 111

59 『1 対 2』よりも『3 対 4』の方が守りやすい ―― 113

60 壁パスにおける壁役は出し手と反対側へ ―― 114
「60」を実践する練習例 ―― 115

61 物体は通り抜けることができない。
空中は支配することができない ―― 117

62 逆サイドのディフェンダーの体の向き ―― 118
「62」を実践する練習例 ―― 119

CONTENTS

63 『触れ』と『放っておけ』——— 121

64 逆サイドのサイドバックはセンターバック方向に絞る ——— 122
「64」を実践する練習例 ——— 123

65 本当の動きから嘘の動きへ ——— 125

66 最後方の守備者は相手の
最前方から2番目の選手にはアタックできない ——— 126
「66」を実践する練習例 ——— 127

67 ストップを通じてだます ——— 129

68 あらかじめ『いる』のと『現れる』や『つく』は違う ——— 130
「68」を実践する練習例 ——— 131

69 壁パスにおける離れながらのサポート ——— 133

70 壁パスでの幅と深み ——— 134
「70」を実践する練習例 ——— 135

71 技術が高い選手は人に仕掛け、
技術が低い選手はスペースに仕掛ける ——— 137

72 動きが変われば、作られるスペースも変わる ——— 138
「72」を実践する練習例 ——— 139

73 幅と厚みを考慮した速攻の準備 ——— 141

74 数的不利な状況において、
2列目からの飛び出しに注意しながら、
オフサイドを誘発する ——— 142
「74」を実践する練習例 ——— 143

75 ひとつに集中する方が
ゾーン内のすべてに集中するよりも簡単である ——— 145

76 『ゾーンでマークする』のであって、
『ゾーンをマークする』のではない —— 146

77 ゾーンは埋めるもの。人はマークするもの —— 147
「76」「77」を実践する練習例 —— 148

78 マークの立ち位置を決定する要因 —— 150

79 攻撃における自由は守備における安全性に基づく —— 151

80 遠い成功のために近い危険を冒してはいけない —— 152

81 構造を整えるための動きは
チームにポジションバランスを与える —— 153

82 攻から守への『切り替えの前』に準備しておく —— 154
「82」を実践する練習例 —— 155

83 守から攻への『切り替えの前』に準備しておく —— 156
「83」を実践する練習例 —— 157

84 特別な選手の模倣可能な部分と
そうでない部分を区別する —— 158

85 パスコースは短命である —— 159

86 良い状態の仲間がいる場所に
自分のマークを引き連れていかない —— 160
「86」を実践する練習例 —— 161

87 写真＋記憶＝プレー視野 —— 162

88 静的ではなく動的なコントロールを —— 163

89 プレッシャーを受けてボールを運んだ場合、そのあとのボールの移動中に、
『見えなかったエリア』に目をやる —— 164
「89」を実践する練習例 —— 165

CONTENTS

90 斜めの動きと円を描く動き —— 166

91 サイドで休憩する —— 167

92 利き足を内側にしてプレーすることで作られる角度 —— 168

93 軸足の指の向きはボールの軌道に影響を与える —— 169

94 フィニッシュにおける数メートルのアドバンテージ —— 170

95 チームが守備をしているとき、攻撃者は同サイドで待つ —— 171

96 斜めのポジション回復 —— 172

97 何人を前に並べるかではなく、
何人と敵陣に迫るかが重要である。
そして、ポジション優位を意識する —— 173

98 詰める選手はどこに詰めるかを選定し、
クロスを上げる選手はどこにボールを届けるかを選択する —— 174

99 サイドからパスを受ける
3人目の攻撃の選手は止まるか少し下がる —— 175

100 フィニッシュにおける交差の順番 —— 176

最後に 人間は最後の日まで学び続けることができる —— 177

おわりに —— 178

編集協力　関　孝伸
写　　真　Mutsu KAWAMORI
　　　　　Getty images
デザイン　ＣＣＫ

MIKEL ETXARRI's
BASIC NOTE 100

戦術・戦略に欠かせない
100の基本

MIKEL ETXARRI's
BASIC NOTE 100

知識の伝達方法は議論の的になり続ける

　あらゆる分野における知識は、時代に応じて変化してきました。人間は、さまざまな研究の中でそのインテリジェンスを発達させ、結論を出そうとしてきたわけです。そうした知識は、それぞれの時代では変化することのない普遍的なものとしてとらえられ、その先の時代では新たな研究によって見直されていくことになります。
　つまり、知識は変化していくわけです。また、新しいテクノロジーや異なった情報アプリケーションの発見によって、知識を伝達するための方法論も同様に変化していきます。そこで何かアドバイスを求められたら、議論を永遠に続けることだと言うでしょう。フットボールにとって最適なメソッドを見つけるために、この業界では継続した研究や発展が行われています。フットボールというこの非常に若い業種では、主観が多く入り込んだパラメーターが使われ、さまざまな、時には偏った観点から、結論が繰り返し発表されます。意見が一致することが非常に難しいテーマです。

MIKEL ETXARRI's
BASIC NOTE 100

育成年代の目的設定と
それを達成するための方法論

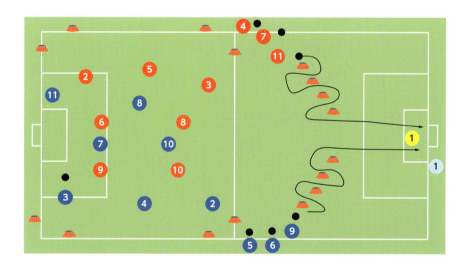

　フットボールにおける知識の中から導かれる結論は、非常に多様性に富んでいて、主観性の強いものです。しかし、この現状は、フットボールの構造やロジックを見つけようとする姿勢を削るものであっては決してなりません。結果は、その知識や功績を必ずしも裏づけるものであってはなりません。
　そのグループの最高のパフォーマンスを引き出すために、最大の努力をするべきです。そして、フットボールが持つ「遊ぶ」という要素を忘れては決してなりません。何のためにその選手たちが集まっているのかを定義することは指導者の義務であり、加えてそれは、グループと各個人の両レベルで行われるべきです。日々の活動は、その目的に合わせた最良の方法でなされるべきでしょう。

MIKEL ETXARRI's BASIC NOTE 100

そのほかの職業で行われているような継続した観察や分析は、フットボールという職業においても、職業訓練の質を維持向上させるために必要である

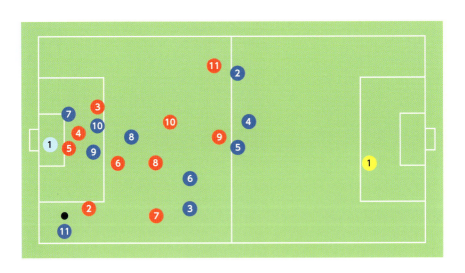

　私は、フットボールというものはひとつの職業だと思っています。全ての職業に言えることですが、その職業は、時間の経過とともに変わっていく、社会からの需要に応じて変化していくものです。新しいエネルギー、新しい技術やテクノロジー、新たなメディアなどが開発されることは、その各職業のあり方に大きな影響を与えます。そして、それは、職業訓練を行う際の教材に変化を起こします。職業が継続して発展していくためには、当然の流れです。フットボールも例外ではありません。フットボールの観察や分析、つまり、各プレーがなぜうまくいったのか、なぜうまくいかなかったのかを考察することは、選手たちをその後育成していく上で、必要不可欠な行為です。継続した学びが必要だということです。

4

MIKEL ETXARRI's
BASIC NOTE 100

知識の伝達を通じて、フットボールを『見る』ことをサポートする

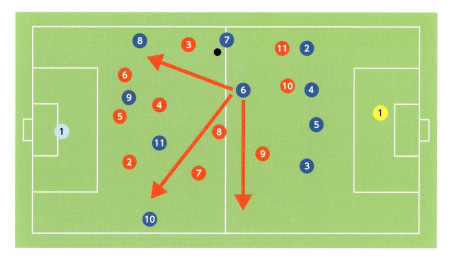

　フットボールは、非常に複雑で理解することが難しいものです。プレーされ始めたのは20世紀の初頭で、経験が多いとはまだまだ言えない職業です。フットボールの周囲には多くの情報が飛び交っています。フィジカルや心理学に関係したものが特に多いでしょう。そして、技術に関する考察、それに関連した多くの練習メニューやプレーに関する知識や分析、これらを人にしっかりと理解させようとすることには、ある種の恐怖が発生します。フットボールを『見る』ということについて話をすると、ただちに論争が発生するからです。それは、指導者の間だけにとどまりません、選手の間でもそうです。メディアやファンの前では、誰もその話をしません。技術やフィジカルコンディション、心理に関する個人のパフォーマンスを評価するのは、比較的やさしいことです。では、誰が選手の戦術的パフォーマンスを測るのでしょうか。指導者だけです。その分析法は主観的なものなので、意見が一致することはなかなかありません。しかし、最も良い結果を出したければ、最上級に重要視されなければいけないものです。それが、指導者に求められる最も重要な機能です。

MIKEL ETXARRI's
BASIC NOTE 100

フットボーラーはピッチで思慮深い存在でなければならない

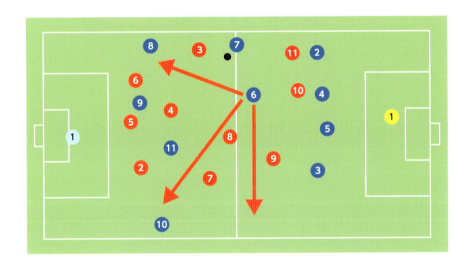

　より多くの知識を備えた上でピッチに立っていた方が、ピッチで起こる問題をより良く解決できます。予測不能なものが発生してくるという背景の中で、選手は、問題に対して、正しい解決策をより速く見出せる状態でなければなりません。常に研ぎ澄まされた状態でなければならないのです。フットボールの複雑性や解決策の種類の多さに対し、脳の耐久性が非常に高いレベルで求められます。

MIKEL ETXARRI's
Basic Note 100

戦術の進化は終わりを知らない

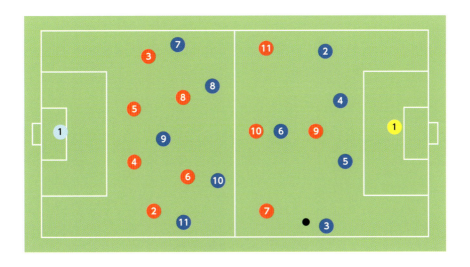

　フットボールは集団スポーツです。相手がいて、予測がカギを握るゲームです。そこには、味方の選手たちと相手の選手たちによる、限りなく多くの相互関係や多種類のアクションが生み出す複雑性が存在し、新しい戦術がしばしば発生します。その前にあった有力なものの存在あるいは欠如がきっかけとなり、状況の解決を目的として生まれてきます。異なった特徴を持った選手たちによる多種のアクションを混ぜ合わせることができるので、その多様性は高くなります。戦術は、フットボールにおいて最重要項目であり、そこには強烈なプレッシャーがかけられます。つまり、その研究は絶え間なく続くということです。それは、今後も変わりないでしょう。

MIKEL ETXARRI's
BASIC NOTE 100

監督は自チームがロジックを機能させられるようにしなければならない

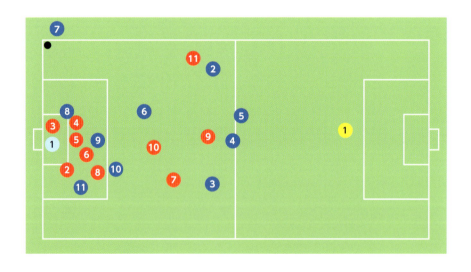

　試合の内容と結果との間には、ロジックが存在しないことがしばしばあります。しかし、監督の日々の仕事においては、ロジックが存在していなければなりません。トレーニングの時間を使い、フットボールの中にあるロジックの素となるコンセプトをチームが操れるように仕向けなければなりません。ポジション優位の獲得、有益なゾーンあるいは有益になり得るゾーンを優先的に埋めること、セットプレーのこぼれ球がどこに落ちるのかを物理的な理由から知った上でポジショニングすることなどが、それに該当します。

「7」を実践する**練習例**

三角形を利用したパスで
サイドからの前進突破を意識

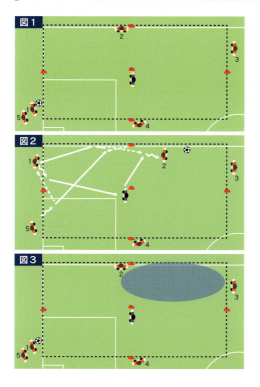

STEP 1 スペースを作り、そのスペースを最終的に使う

図1のように5か所に選手を配置し、マーカーを置きます。選手1が、ボールを運んで選手2にボールを一度預けたあと、サポートに入ってボールを再び受け、中央のグレーの選手にボールを届けます。グレーの選手は、三角形を使ってボールに関わろうとする選手2に、パスを出します。選手2は、ボールをそのまま運んで前進し、選手3にボールを渡します。選手3は、選手1と同じことを選手4と行い、選手5がいる場所を目指します。

簡単なパス&コントロールですが、試合で必要なコンセプトを強調して行います。たとえば、ディフェンスラインからのビルドアップの際に、中盤の選手を経由した三角形を利用してサイドから前進することを意識させられるでしょう。この場合、日頃から中盤でプレーしている選手にグレーの役割を担わせるのがいいでしょう。また、サイドハーフもしくはウイングがもう少し高いエリアでセンターフォワードとの三角形を利用して相手サイドを突破することも意識させられるでしょう。この場合、グレーには、日頃から前線でプレーしている選手を配置するといいでしょう。

大事になるのは、「相手を寄せさせてスペースを作り、そのスペースを最終的に使う」というコンセプトでしょう。それはボールを運ぶという道具、パスという道具、ボールに近づいてサポートを行うという道具を使ってなされます。相手を寄せさせ、図3の青いスペースをいかに使って前進するかが、このメニューの趣旨です。

見方

 マーカー ボールの動き 人の動き ドリブル

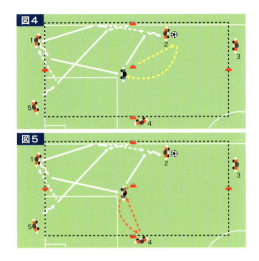

STEP 2 さまざまなコンセプトをトレーニング

グレーの選手は、ひとりではなく、ふたりでもかまいません。ただ、中盤の選手なのか、それともフォワードなのかによって、それぞれ違ったコンセプトを求めることになるでしょう。

たとえば、中盤の選手がグレーの役を担当する場合、選手1がボールを運んでいる間は、自分をマークする相手選手（このメニューでは赤いマーカー）の背後でポジションの優位性を獲得するため、および選手1にボールを運ぶスペースを与えるために、選手3の方へ移動するべきでしょう（図4の黄色い破線）。そして、選手2にボールが渡ったのを見たら、今度はサポートに入って三角形を狙うべきです。

フォワードの選手がグレーの役を担う場合は、やるべき作業が変わってきます。選手2にボールが渡ったときには、ブルアウェイの動きを終え、反対側にポジションを取っているべきです。そして、選手1がボールを再び受けたタイミングでサポートに入り、三角形を狙います（図5の赤い破線）。

このように、簡単なオーガナイズでのパス交換トレーニングを活用することにより、自チームにおける複数のセクション（ここでは、センターバック、サイドバック、中盤のブロック、およびサイドバック、センターフォワード、サイドハーフのブロック）において、さまざまなコンセプトをトレーニングできるのです。

8

**MIKEL ETXARRI's
BASIC NOTE 100**

戦術は技術よりも
短い時間で習得される

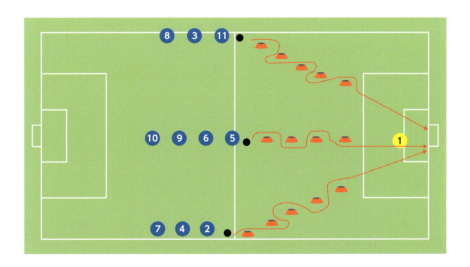

　チームのパフォーマンスを上げるには、各選手が個人レベルで知識を備えていることが大事であり、ライン間の関係やポジションの機能を知っておくことが重要です。また、方法論は発展させていきたいフットボールのタイプに合わせて構築され、その獲得は反復を通じて促されます。もしも戦術がロジックを通じて獲得されるのであれば、その知識の伝達に多くの時間は必要ないでしょう。もちろん、その内容は複雑かもしれませんし、内容や反復方法はしっかりと整理されていなければならないでしょう。しかし、それに要する時間は技術を獲得するための時間に比べると短いものです。技術を獲得するための作業は、非常にゆっくりで複雑なものです。

MIKEL ETXARRI's
Basic Note 100

戦術的判断に影響を及ぼす要素には、スペース、スピード、時間がある

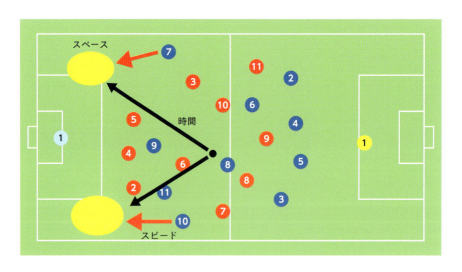

　フットボールを構成する要素としては、スペース、スピード、時間のほか、選手が抱える技術とメンタルも存在します。プレーの判断を行う際の重要なパラメーターはスペースと時間だとしばしば言われますが、私はそこにスピードも入れるべきだと思っています。それはボールのスピードでもあり、選手のスピードでもあります。スピードは、同じスペースにおいてプレーする中で、時間を調整することにつながります。また、スペースを扱う上では、軌跡という要素についての考慮も重要です。それは、ボールの軌跡と選手の軌跡、その両方のことです。

MIKEL ETXARRI's
BASIC NOTE 100

決断されたアクションは味方に安定を与え、相手には対応を余儀なくさせる。その結果、相手をだますことにつながる

　フットボールにおいてある選手がある動きを行うとき、その動きがしっかりと決断されたものであった場合は、それは明確なメッセージとなって味方に伝わります。同時に、相手チームの対応を発生させ、相手をだますきっかけになったりもします。一方、動きが決断されたものでなかった場合は、味方の選手に不確実性を伝え、結果的にチームとしての動きを鈍くさせることにつながります。

11

MIKEL ETXARRI's
BASIC NOTE 100

ロジックを通じて入ってくるものは必ず身につけることができる

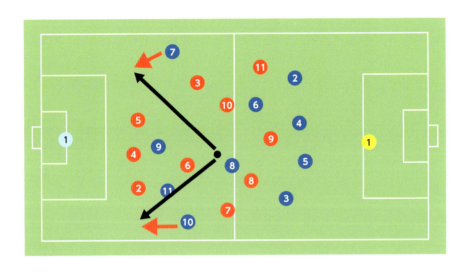

　戦術を習得する際のベースになる要素は、自チーム、相手チーム、スペース、スピード、そして時間です。研究や分析は、測りやすかったり数えやすかったりする要素を使って行われます。各状況における各アクションの説明や指導が理由を伴ってなされれば、それは選手にとって、よりわかりやすく身につけやすいものになるでしょう。得意不得意はあるにせよ、戦術は全ての選手が習得できるものです。

「11」を実践する**練習例**

ペナルティーエリア内での 3対2＋GKの守備

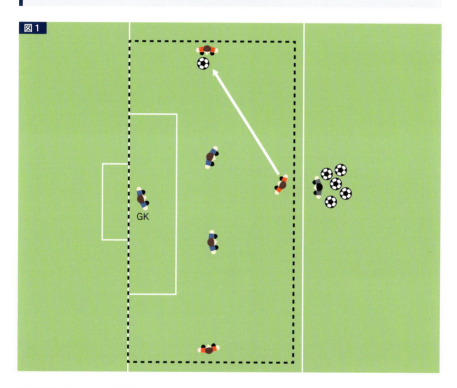

図1

STEP 1 ▶ キーパーと協力して守る

　キーパーを含むゴール前での3対3の攻防です。攻撃側は、制限時間内にできるだけ多く得点することを目指します。グリッド（ペナルティーエリア）の外に指導者が立ち、ボールを供給します。ボールがグリッド外に出るかゴールに入ったら、再び配球します。ゆったりと攻撃させないために、シュートまでの時間を5～7秒に設定し、ゴールを決めることを強く要求します。原則として、サイドの選手に配球するのがいいでしょう。サイドにボールがあるときは、クロスを上げる可能性とボールを戻す可能性の両方があります。守備側は、キーパーと協力してゴールを守ります。ボールを奪って指導者にパスすると、攻撃側の得点が減点されます。ペナルティーエリア内での守り方を学ぶのに適したメニューでしょう。

見方

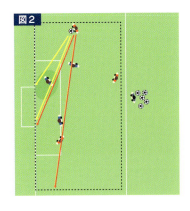

図2

STEP 2 「死のアングル」をカバーする

サイドからのクロスへの対応を学びます。まず気をつけなければいけないのは、キーパーの立ち位置です。ゴールライン上には決して残らず、自分のポジションをしっかりと前に据えることが大事。そうすることで、ゴールに向かうボールへのアングル（黄）を基本的に閉じることができます。加えて、守備者は、ファーポストに近い選手が狙ってくる「死のアングル」（赤）をしっかりとカバーします。実際の試合では、逆サイドのサイドバックや遠い方のセンターバックの選手がケアします。ポジションをしっかりと下げ、ボールがそのエリアに来ても対応できるように準備していなければなりません。

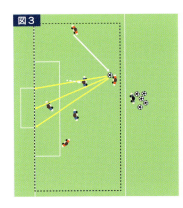

図3

STEP 3 ゴールを奪われない意識

相手が中央でボールを持った際の守り方です。ボールを奪う意識ではなく、ゴールを奪われない意識で守備をすることが大切です。もちろん、キーパーとの協力も欠かせません。サイドから中央にパスが出た際、まずはボールの移動中にラインを上げます。すると、両ワイドの選手も、オフサイドにならないようにポジションを修正する必要が出てきます。そして、守備者のどちらかが、ボールに対して寄せます。

どちらの守備者が対応するかは、中央の選手のポジションによって変わるでしょう。ボールを出したサイドの選手に近い位置に中央の選手がいるのであれば、そのサイドの守備者が出ればいいでしょう（図3）。中央からファーサイド寄りでボールを受けたのであれば、そちら側の守備者が出ればいいでしょう（図4）。いずれにしても、大事なのは、まずはボールに対して寄せることです。なぜならば、できるだけ寄せた方がゴールへのアングルを閉じることができるからです。しかし、ここで優先されるのは、ボールを奪うことではなく、ゴールを決められるのを阻止することです。キーパーと協力し、ゴールへのアングルを守る意識を常に持つことが重要です。守備者が全てのアングルを消すことは、時間的に難しいでしょう。それを求めるがあまりにスライディングをした結果、キックフェイントでかわされて全てのアングルを逆に獲得されてしまうことがよくあります。半分のアングルでも消しておくことができれば、それでいいと考えます。キーパーが守らなければならないアングルは、それだけでも狭くなります。

図3では、左の守備者がニア側のアングルを消し、残りをキーパーが守ります。図4では、右の守備者がファー側のアングルを消し、残りをキーパーが守ります。指導者は、指示をしっかりと明確に出すことをキーパーに求めます。

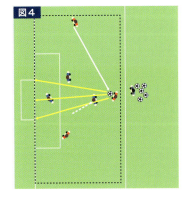

図4

MIKEL ETXARRI's
BASIC NOTE 100

相手よりもいかに賢いか

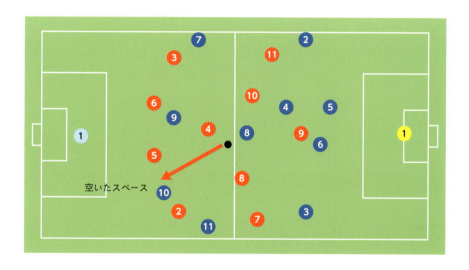

空いたスペース

　フットボールは、自分たちがいて、相手がいるゲームです。このゲームに勝つ上で大事になるのは、ピッチで次々と起こるクイズに対して、いかに速く答えを見つけられるかという点です。あらゆる刺激に対して、いかに的確な解答を見つけ出せるか、そして、決定したそのアクションをいかにスピードを高めて実行できるかが、その選手の戦術的な質の高さになります。各瞬間において、ピッチ上にある有益なゾーンを埋め、それらのゾーンでポジションの優位性を獲得することが、このゲームにおける成功の秘訣になります。

MIKEL ETXARRI's
BASIC NOTE 100

フットボールにおける会話は『動き』を通じて行われる

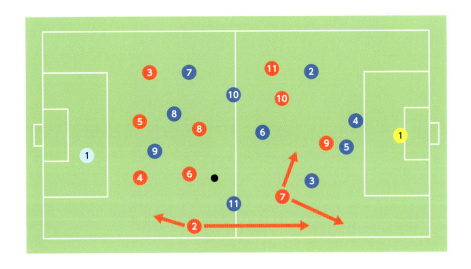

　フットボールにおいてある選手の状況を理解するためには、大きな叫び声を聞くことよりも、その選手の動きを見ることの方が適しています。選手は、味方に対し、ある状況下で自身が下した判断内容を動きを通じて伝えるわけです。

「13」を実践する**練習例**

対面パス

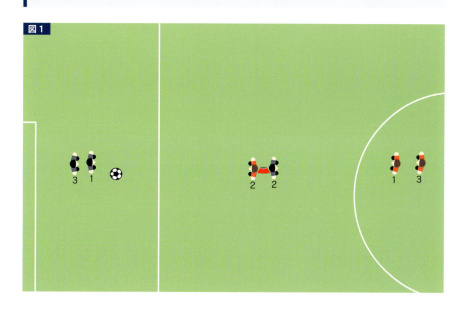

図1

STEP 1 3人ずつの2グループでローテーション

6人を3人ずつの2グループに分け、同じグループの中でローテーションを行います。①でプレーしたあとにマーカーのところに行き、②の役割をこなしたら、③の位置に並ぶというローテーションです。

見方

マーカー　ボールの動き　人の動き

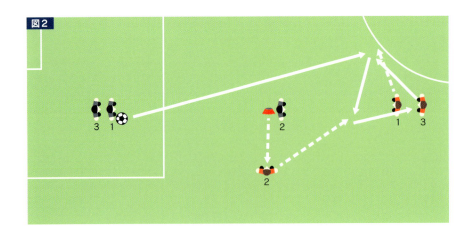

STEP 2 　パスコースをもうひとつ持てるようにする

　グレー1が、赤1にパスを出します。ただし、ボールを受ける前の赤1の動きは、赤2のそれによって変わります。たとえば、図2のように赤2が向かって右にパスコースを作った場合、赤1はボール保持者がパスコースの選択肢をもうひとつ持てるようにするために、逆方向（向かって左）に動きます。ボールを受けた赤1は、長いボールに対してサポートに入ってきた赤2にボールを落とします。赤2はそれを赤3に預け、赤3は赤1に再び渡します。その瞬間、今度はもう一方のグループが同じ流れのメニューを行います。

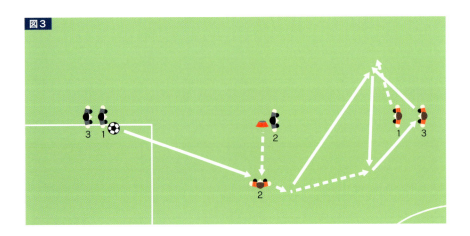

STEP 3 　もうひとつの選択肢

　続いて、パスコースのもうひとつの選択肢として、グレー1が赤2にパスを出します。赤2は逆サイドの状況を確認するべく、首を振ったり体の向きを整えたりして情報を得ます。その間に、赤1は逆方向に動きます（構造を修正します）。ボールを受けた赤2は赤1にパスを出し、そのあとボールを再び受けます。次に赤3に出し、赤3はさらに赤1に渡します。そのあと、もう一方のグループが同じことを行います。

14

MIKEL ETXARRI's
BASIC NOTE 100

常に何かを
やっていなければいけない

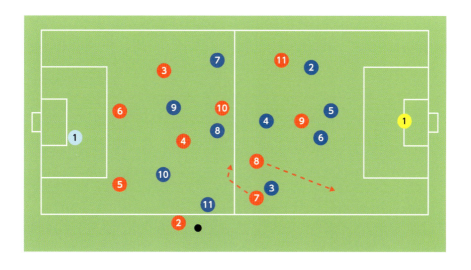

　試合中、選手は、すべての瞬間において、研ぎ澄まされた状態になっていなければなりません。自チームがボールを持っているときも持っていないときも、また何らかの理由でプレーが停止しているときも、常にそういう状態でなければなりません。そして、次のプレーに向け、数ある選択肢の中からひとつを選んで決断していなければなりません。その行動は、プレーの予測を促し、チームが各場面で利益を得ることにつながります。

MIKEL ETXARRI's
BASIC NOTE 100

プレーのリハーサルは実際のプレーで回答を見つけることを速め、そして、それはフットボールのスピードを上げる

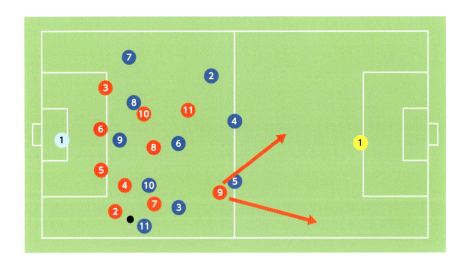

　集中し、相手、味方、ボールを考慮してその状況を理解し、数秒先の未来で起こり得るアクションに関する刺激を受信しておくことは、プレーの決定を助けます。つまり、プレーの質を高めることにつながります。攻撃陣は、味方が守備をしているときに攻撃について考えてください。守備陣は、味方が攻撃をしているときに守備について考えてください。

MIKEL ETXARRI's
BASIC NOTE 100

各選手に求められる機能は
スペースをどう共有するかに
よって決まる

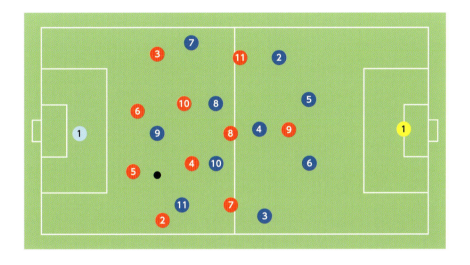

　選手はあるポジションを担当し、味方と関わり合いながらプレーします。その選手の機能を決定づける主な要素は、自チームのシステム、自チームのプレースタイル、相手チームのシステム、相手チームのプレースタイル、この4つでしょう。ポジションの機能をよく知るためのトレーニングを行うことが必要です。もちろん、そこに絶対はなく、それはあくまでも目安としての機能にしか過ぎないことも強調しなければいけません。

MIKEL ETXARRI's
BASIC NOTE 100

いいプレーをするにはボールから目を切らなければいけない

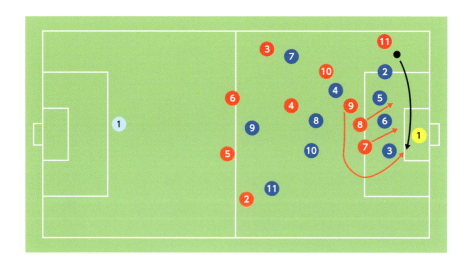

「ボールから目を切らすな」という言葉を現場でよく耳にします。私は、これに異を唱えます。ボールは、フットボールにおいて非常に重要な要素です。しかし、ボールを見続ける行為は、フットボールを見ることを阻止します。いいプレーをするには、ボールからしばしば目を切らなければなりません。有益なエリアを相手よりも先にできるだけ速く埋めるというフットボールにおいて大事なプレーは、ボールを見ていると、達成されにくくなります。

「17」を実践する**練習例**

5＋1対5＋1

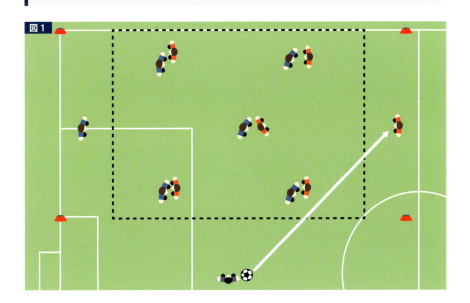

図1

ボールから目を切り、常に確認しておく

　前から連動してプレッシングを行う際のコンセプトを確認したいときに、よく使うメニューです。ボールを持っている側にとって大事なのは、ボールの移動中に見ておくという作業です。つまり、ボールから目を切ることが重要になります。自チームの選手によってピッチがまんべんなく埋められている分、各自はあまり大きな動きを行う必要がありません。むしろ、数的には常に優位な状態でボールを前に進めることができるので、小まめで短めなポジション修正を繰り返しながら、ボールを正しい場所に動かすことに集中するべきです。そのために、グリッド内の誰がフリーなのかをボールから目を切って常に確認しておくことが求められます。

STEP 1 マークを受けた上でスタート

　全体では6対6のゲームです。それぞれのチームに攻撃方向があり、この図例で言うと、赤チームは右から左に攻めます。奥にあるマーカー間をドリブルで通過すれば1点です。グリッドの中に5対5が存在し、ともに2－1－2の並びにします。つまり、グリッド内の全ての選手がマークを受けた上で、ゲー

見方

 指導者　 マーカー　⬅ ボールの動き　⬅○○○○ 人の動き

ムがスタートされます。グリッドの外にいるそれぞれのチームの選手はボールを受ける際は場外で、そのあとドリブルで進む場合のみ、グリッドの中でプレーすることが許されます。逆に守備をする際は、グリッドの外で守らなければなりません。

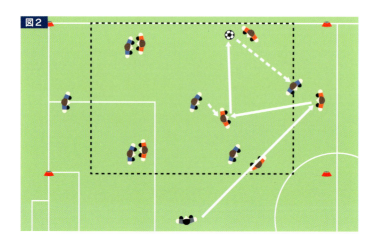

STEP 2　グリッド全体に視野を広げる

　守備をする際は、「ボールの移動中に寄せる」、「相手のプレーを方向づける」、「ボールに近い方がプレーを決定し、遠い方が全体の構造を修正する」といったコンセプトを主に確認します。攻撃の際は、ボールが移動する度にとにかく体の向きを調節し、見ておくことが重要です。たとえば、赤の最後方の選手に対して、図2のように青の左前方の選手がプレッシャーをかけに行った場合、中央の選手は、フリーになる右の選手に三角形のコンセプトでボールを届けます。その際、近くの選手たちには継続性が必要で、自分のプレーが終わった瞬間にすぐに小まめにサポートに入り、グリッドの中と外、手前と奥、どこにボールを届ければいいのかなど、グリッド全体に視野を広げる必要があります。仮に青の左後方の選手がボールの移動中にボールにプレッシャーをかけた場合は、そのほかの選手がすぐにサポートに入っていないと回らなくなります。逆に、各自のプレーに継続性が伴っていれば、このゲームを攻略することができます。ただし、ボールの移動中にボールから目を切らなければならないのは言うまでもありません。

選手は自分の目の高さから情報を得てプレーしている

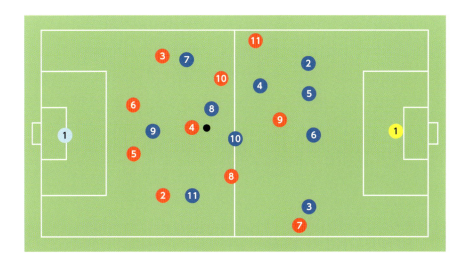

　指導者や観客、メディア関係者は、選手がいかに見えているかについて外から評価します。多くの場合、私たちは、選手が自身の目の高さから情報を得てプレーしていることを忘れてしまいます。指導者が絶対にやってはならないのは、選手が実際にどんな環境でプレーしているのかを忘れて指導することです。

MIKEL ETXARRI's
Basic Note 100

各ポジションの機能を知っておくことが重要

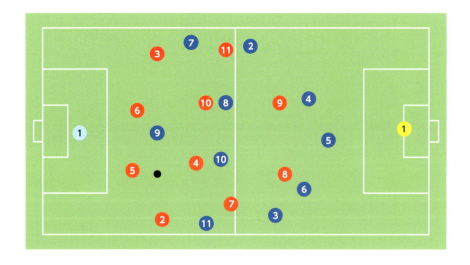

　チームが連動してより機能するために、そして、各場面でより高いパフォーマンスを獲得するために大事なのは、チーム内の選手たちが自分のポジションにおいて自身が担う機能について、さらには自分が大きく関係するチームの機能について知っておくことです。そもそも、ピッチに立つには、チームが掲げるプレースタイルに同意しているとの前提があるのは言うまでもないことでしょう。これらの機能はフレキシブルなものでしょうが、ポジションによっては、ある選手とより多くの関係を持ち、ある選手とはそうでないといった現象が起こります。

「19」を実践する**練習例**

サイドから前進するビルドアップを意識した6対6のゲーム

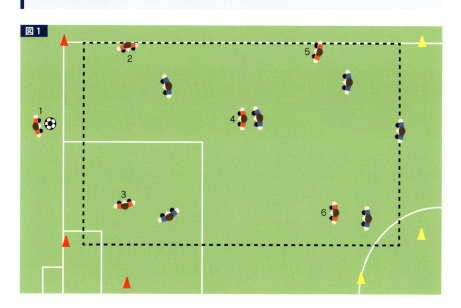

図1

STEP 1 実際の試合をイメージし、選手の配置にこだわる

　「17」で6対6のゲームを扱いましたが、今回のメニューは、実際の試合をより具体的にイメージして行うものです。選手たちは、自身のポジションで求められる機能について、より向き合ってくれることでしょう。そういう意味で、選手の配置にはこだわります。

　図1の赤1は左のセンターバック、赤2は左サイドバック、赤3は守備的ミッドフィルダーあるいは右のセンターバック、赤4は中盤の選手（4-3-3でプレーする場合は左シャドーの選手でしょうか）、赤5は左サイドアタッカー、赤6はセンターフォワードのイメージです。同様に青チームを並べますが、赤チームとのマッチアップを意識し、実際の試合において右サイドでプレーする選手を配します。右センターバックを最後方に、右サイドバックをその右前に、さらにその前には右サイドアタッカーといった具合です。試合中のサイドでの攻防により近い状態を作りあげます。

　それぞれの奥にコーンを3つ並べることで両チームがふたつのゴールを目指すように仕掛けているのも、よりリアルな設定を作るためです。真正面のゴールのほかにもうひとつのゴールが斜めにあります。これは、実際の試合におけるサイドから中央への進入をイメージするものになります。それを相手が阻止しようとする状況を作り出したかったわけです。

見方

コーン　ボールの動き　人の動き　ドリブル

47

オフサイドはなしとします。このメニューでは、あくまでもビルドアップの状況を意識しているからです。オフサイドを適用してしまうと、守備側はラインを高く取ってスペースを消そうとする策に出られますが、その状況は今回のコンセプトとは関係ありません。
　中盤の選手にスペースを与えるために前線のふたりが下がってくることに対しては、非常に慎重にならなければいけません。逆に、相手の背後を狙うために高い位置を取っていてほしいところです。ボールを持つ後方の選手には、長いプレーと短いプレーの両方を常に天秤にかけながらプレーすることを求めます。
　ボールは、必ず、どちらかのチームの最後方の選手に供給します。ここで大事なのは、センターバックが常にスペースを持っていることと、無闇に前進しようとしてボールを奪われた場合にカウンターが脅威になることで、このふたつは強調されなければいけません。「自陣でボールを失うことはとにかく許されない」と何度も繰り返して伝えます。

STEP 2 特定のポジションでコンセプトに取り組む

　ポジションを固定することを通じて、選手は、同じコンセプトを学ぶにしても、特定のポジションからそれに取り組むことができます。たとえば、「ピッチを広くすることで中央にスペースを作る」というコンセプトを考えてみます。センターバックの選手は、ボールを持ってグリッドの内部へ一度進入、ボールを味方に預けた場合はすぐさま後退してピッチを広くし、後方からのパスコースを作ります。これで、「ピッチを広くすることで中央にスペースを作る」コンセプトを実行していることになります。前線の選手は、自身のポジションを高い位置に維持することで、相手守備者を逆にピッチ中央に近づけない作業を行います。

STEP 3 特定のコンセプトを求める

　ポジションによって異なる、特定のコンセプトを求めることもできます。たとえば、センターバックがボールを持っている場合、中盤の選手は、そのスペースを空けるために、離れながらパスコースを作る「ポジション優位」のコンセプトが求められるでしょう。センターバックにとっては、「相手をボールに集中させ、その間に味方がマークを外しやすくできるようなドリブル（固めるドリブル）をする」といったコンセプトがとても大事になります。

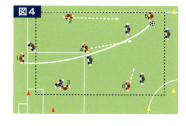
図4

STEP 4 守備のコンセプトも求める

「長いプレーと短いプレー」を使い分けることも大事になります。センターバックなどの後方の選手に、特に求められるコンセプトです。つまり、前線の選手が相手の背後を取っている場合には、そこに素早く届ける判断をしなければなりません。短いパスを最初に探そうとする選手を多く見かけますが、自分たちはあくまでも相手ゴールを目指すためにボールを持っているのだという、優先順位のようなものを強調する必要があるでしょう。

ただし、このときに中盤やそのほかの選手に求められるコンセプトは違ってきます。図4の選手2と選手4については、長いボールが出た際にはその場に立ち止まるのではなく、すかさず「ボールに帯同」し、セカンドボールを拾いに行くことも要求されます。前線の選手については、ロングボールを処理する上で必須になる「ボディープロテクト」が求められます。ボールが来る前に相手に体をぶつけ、自分がボールをコントロールするためのスペースを作るのです。そのためには、事前に相手の状況をしっかりと見て準備しておくことが大事になります。多くの場合、ボールだけを見て空中戦を競ろうとする選手がいますが、重要なのは相手にそのボールを触らせないことです。

また、三角形のコンセプトも重要になってきますし、攻撃面だけではなく、守備面でも、さまざまなコンセプトを求めることができます。プレスをかけるタイミングや、かける際にどのパスコースを切るのかなどです。さらには、前方の選手の守備での判断に応じた後方の対応や、長いボールを出された場合にはそのボールにしっかりとついていくといった点などについて、自身のポジションからそれぞれ取り組むことで、選手たちがそのポジションの機能を知るようにさせます。それが、このメニューの狙いです。

今回のようなメニューは、各ポジションの専門性を選手たちに落とし込みたい場合に使われるべきでしょう。おとなにしても、育成年代にしても、結果をより出すことが活動目的であるチームが行うメニューです。一方で、サッカーの原理原則をより学ぶことを主目的として活動するチームであれば、「17」のメニューのように、ポジションを固定せず、具体的な状況も設定しないで行う方が向いていると思います。

MIKEL ETXARRI's
BASIC NOTE 100

選手の動きはアクションとリアクションの原則に基づく

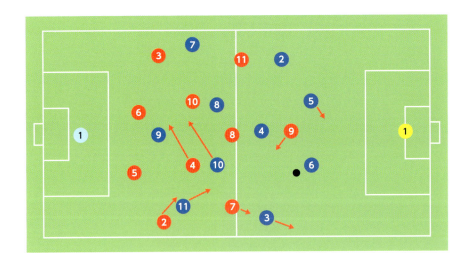

　各瞬間の戦術は、ボールが誰によって保持されているのか、どのゾーンでプレーしているのか、味方と相手の選手たちはどこに立っているのか、現在のスコアはどうなっているのかといった点に影響を受けます。これらの要素が変われば、各選手の戦術的意図を変化させ、グループでのタスクにも変更が生まれます。このアクション‐リアクションの原則を尊重してのプレーは、そのチームがより高い戦術的レベルでプレーすることを意味します。

MIKEL ETXARRI's
BASIC NOTE 100

目的を変更するための戦術的豊かさ

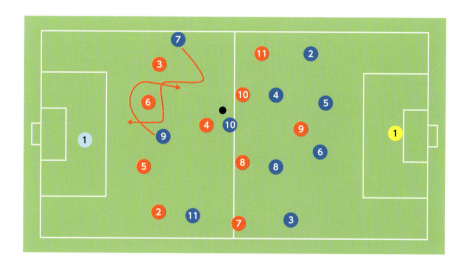

　状況は刻々と変化し、それに伴って、最良の選択肢も変わっていきます。その際、こうしようと一度は決断したプレーをやめ、別の目的を持ったアクションへとすぐに移ることのできる選手が存在します。これは決して簡単ではない作業で、優れたプレー視野と知識が求められます。それらを普通にやってのけてしまう選手たちは、戦術的に非常に豊かな存在と言えるでしょう。日本でもプレーしたディエゴ・フォルランはその代表格です。彼は状況に応じてさまざまな形でマークを外し、ボールを引き出していました。

「20」「21」を実践する**練習例**

4対0の攻撃

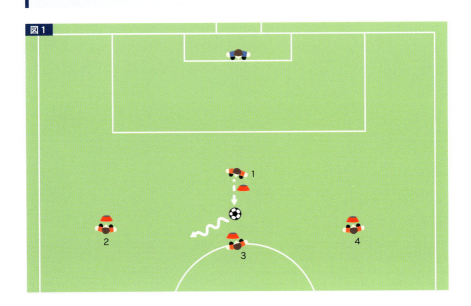
図1

STEP 1 相手がいない練習は難しい

　FCバルセロナのアンドレス・イニエスタが過去にスペインで行われたインタビューで答えていた内容が印象的でした。インタビュアーが「あなたはなぜあのような素晴らしいプレーができるのですか。いいポジションを常に取り続けることができますし、ボールを持ったときは運ぶこともできれば、ワンタッチで相手を抜き去ることもでき、素晴らしいスルーパスも出すことができます」と言うと、彼はこう返しました。「僕は何も考えていないんだ。言われた通りにプレーしているだけ。周りの状況が、自分が次にどうすればいいかを常に教えてくれるんだ。僕はその指示に従って選択肢を選んでプレーしているだけだよ」。この言葉から、世界で最も優れたミッドフィルダーは究極のリアクションプレーをしていることがわかります。

　私は、最も難しい練習は0人の相手を11人で攻めるゲームだと思います。相手がいない練習は難しいものです。サッカーにおける動きは、ロジックに基づいていることが考え方の背景にあることがわかります。イニエスタのコメントの背景とも似ていますが、サッカーにおける自分自身の動きは、味方の動きやそれに対応する相手の動きに応じて自ずと決まってくるものなのです。そこに相手がいないとなると、その動きを自分で想像した上で動かなければなりません。だからこそ、相手がいない練習は難し

見方

攻撃　守備　マーカー　ボールの動き　人の動き　ドリブル

いと思うのです。

　今回の練習は、そんな、相手がいないメニューです。4人の選手が自由に攻撃を組み立ててプレーしていく練習です。一見簡単そうに見えますが、味方の動きに合わせてロジックを成立させながら動かないといけないので、非常に難しい練習と言えます。図1のように、相手ディフェンダーに見立てたマーカーのそばに4人の選手（①から④）が立っています。選手たちはそこから自由に攻撃を組み立てます。ただ、最初の段階から全ての動きや判断を自由化させてしまうのは、非常にリスクがあると思います。なぜならば、みんなが無闇に動き回ることでロジックの成立しない動きが乱立し、収拾がつかなくなるからです。私たち指導者側も見づらくなります。ですから、まずはこちらで以下のように動きに決まり事を作り、なぜその動きをするのかを説明することから始めるべきだと思います。

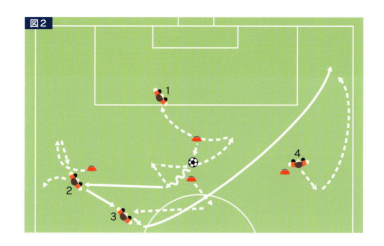

STEP 2　決まり事によって動く

　選手1がボールに向かって走り、ドリブルをすることから始めます。そして、左斜め下にボールを運びます（図1）。残りの選手は、図2のように、それに対してポジションを取り直します。選手2は裏に抜けるアクションを入れ、相手の背後を取る動きをします。選手3はマーカーから離れ、自分の足元並びにボール保持者にスペースを空けながらパスコースを作ります。選手4はボールが反対側に向いているので、そのタイミングでアクションをするよりは、次のボールに対してどういったプレーができるかを準備しておく意味で、少しポジションを下げて幅を取るといいでしょう。

　選手2は背後への動きをおとりとして足元へのボールを要求し、選手1はそこにボールを預けます。そして、すぐさま目的を変更し、背後を狙う動きを入れます。ワンツーのタイミングで裏に抜けるイメージでしょうか。その間に、選手3は新たなパスコースを作ることで、選手2に対するサポートを行います。

　選手2が、選手3にパスを出します。それと同時に、パスコースを作るためにすぐにワイドに広がります。指導者は、選手3がボールの移動中に逆サイドに目をやって状況を確認しておくことや、その際の体の向きをここで求めるべきです。その間に選手1は目的を再び変更し、プルアウェイの動きで相手センターバックの背後を狙います。その場合、スピードのチェンジが重要なので、説明のときに強調しておくべきでしょう。また、逆サイドの選手4はタイミングを注視するべきです。選手3によってボールがコントロールされた瞬間に、スピードのチェンジによって相手の背後を取りに行きます。

53

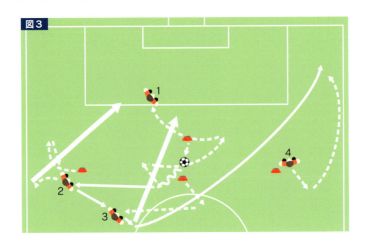

図3

STEP 3 ボールが移動するたびに目的を変更させながらプレーする

　続いてクロス攻撃です。選手4が上げるクロスに残りの3人が詰めに行きます。大事なのは、「ゴール前までダッシュで上がって詰めに行く」ことです。サイドの選手や中盤の選手がクロスが上がる状況でゴール前に到着していないことが多々あります。それは、ボールがサイドに移動している段階でゴール前にスプリントしていないからです。そういう意味では、ここでのスプリントもこのメニューでの重要なポイントです。そのあとは、近い方がプレーを決定して遠い方が修正するコンセプトを原則として、3人それぞれがニア、ファー、ペナルティースポットの3つのゾーンに詰めることが求められます。

　このトレーニングは、ボールが移動するたびに目的を変えながらプレーすることをあらためて強調できるメニューになっています。選手1は、このメニューの一連の流れの中で目的を3度変更しながら動いていることになります。ドリブルしてサイドに預けたあとの同サイドに抜ける動きがひとつ目。その後、プルアウェイの動きをすることでボール保持者である選手3と自分の間にスペースを空けたり、相手ディフェンスの背後を取ったりしようと試みたのがふたつ目です。そして、ボールがサイドに渡ろうとしているときに逆サイドに再びプルアウェイをすることで視野を確保し、クロスに対して詰める場所の選択肢を増やそうとした動きが3つ目になります。

まとめ

　無限にあると言えるバリエーションの中のひとつを例に出してやってみました。これらのバリエーションは、週によって変えてもいいと思います。料理の仕方は、それこそ無数にあります。今回のように、いきなり大きくサイドチェンジをするのではなく、サイドに一度つけてからそのサポートに行くのもありでしょう。そのサポートは、選手3でもいいですし、選手1でもかまいません。ほかには、前の選手がサイドに流れて最終的にその選手がクロスを上げるのもいいですし、サイドに流れる動きによってできた中央のスペースを使ってサイドチェンジを行うのもいいでしょう。ピッチ上でのさまざまなロジックを長い期間をかけてやっていけるメニューです。

　このトレーニングは、ポジションをある程度固定してやるべきでしょう。たとえば、前めの選手は1、うしろめの選手は3、サイドの選手は2か4といった具合です。なぜならば、これをローテーションさせると4つのポジションで決められた約束事をそれぞれ覚えなければならず、選手の頭へのストレスが大きくなり過ぎるからです。もしも全ての選手に全てのポジションをやらせたいとすれば、日を変えてさせたり、あるいは器用な選手だけに複数のポジションをやらせたりする方が効果的です。その日のメニューが消化不良になったり、トレーニング自体の集中力が下がったりしないように気をつけなければいけません。

「20」「21」の解説

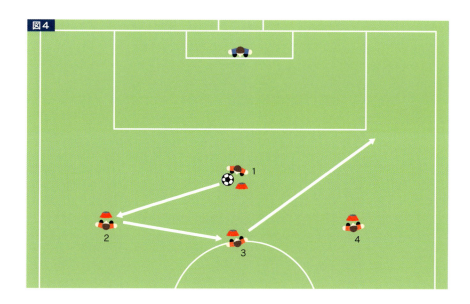

図4

指導者の存在の重要性

　紹介したメニューは、図4のように単純なパス交換だけでクロス攻撃を行う練習にもなり得ます。しかし、時間が限られている中でせっかくやるのなら、サッカーに必要なコンセプトをできるだけ取り入れて、充実した内容の練習にしたいものです。今回で言うと、誰かのアクションに対して残りの選手がリアクションを行う原則を取り入れることができると思います。それはつまり、状況が変わるたびに自身のプレーの目的も変えていくべきということです。このように、同じオーガナイズでも全く違う練習になるのです。同じレシピを使っても出てくる料理はその料理人によって全く違うのと同じように、サッカーにおいても、指導者の腕によって豊かなトレーニングになったり、ただこなすだけの味気ないトレーニングになったりと、同じメニューでも内容の充実度は変わってきます。指導者の存在の重要性がここでも確認できます。

MIKEL ETXARRI's
BASIC NOTE 100

繰り返し発生する不均衡の中で均衡を見つけ続ける

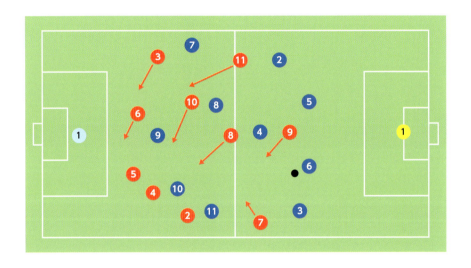

　試合が始まる前は、往々にして、各チームの幾何学的特徴を知ることができる瞬間であります。そして、その際はポジションバランスが獲得されていることが多いものです。ゴールキックやスローイン、コーナーキック、フリーキックといったセットプレーが行われる瞬間も、ピッチ上の有益なエリアを中心にポジションバランスが獲得されていることが多いでしょうし、そうあるべきです。一方、プレー中は全ての選手が動くので、この均衡はコンスタントに崩れていきます。戦術の目的は何かと聞かれたら、ボールを持っているかいないかに関わらず、継続的に発生する不均衡の中からいかに均衡を獲得するかであろうと答えていいでしょう。

**MIKEL ETXARRI's
Basic Note 100**

スペースを埋める作業は
ポジションバランスの獲得につながる

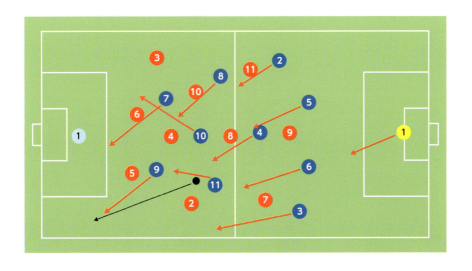

　アクションとリアクションの原理に基づいて実行される戦術的動きを通じて、有益なスペースを相手よりも先に埋めていきます。この一連の連動した動きは、チームが均衡（ポジションバランス）を獲得していく過程を意味します。均衡獲得のためには、チームの構成員全体でどのスペースが有益なのかを知る必要があります。

MIKEL ETXARRI's
BASIC NOTE 100

話すことは情報の伝達を意味する

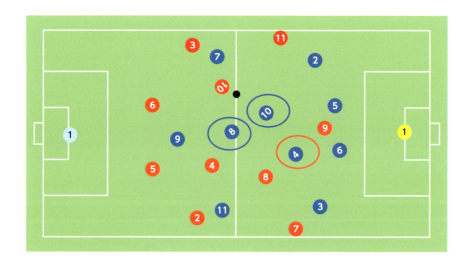

　味方に危険が迫っているとき、たとえば、前方にいる味方のポジションを修正したいときにしばしば発せられる声は、「ミケル！」、「危ない！」といったものです。後方から身振り手振りで指示しているシーンも見かけます。ピッチでのコミュニケーションは、質が高いものでなければなりません。「ミケル、もっとうしろだ！ そして、少し右！」「ミケル、中央からプレスをかけろ！」のように、はっきりとした、短い情報を伝達するように心がけるべきです。

MIKEL ETXARRI's
BASIC NOTE 100

作られるスペースと埋められるスペース

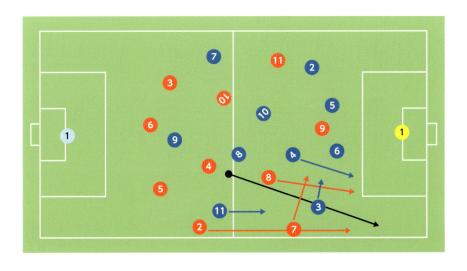

　メンバーがあるポジションを取ることでチームにバランスを与えている状況を想像してください。ここで何が起こっているかと言えば、プレーが変化するたびに作られる有効なスペースをすぐさま埋める作業が行われているのです。

MIKEL ETXARRI's
BASIC NOTE 100

近い方から離れて
遠い方を背中で受ける

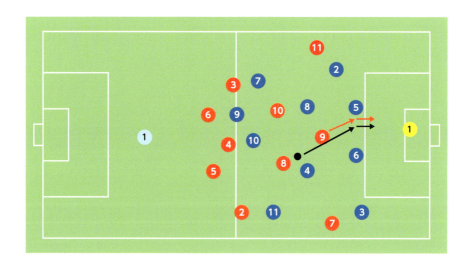

　ペナルティーエリア付近での攻防においてボールを受けようとするセンターフォワードが意識しなければいけないこと、それは自分をマークしている近い方のセンターバックから離れ、遠い方のセンターバックを背中で押さえる作業です。そうすることで、ボール保持者のパスアングルをより広げ、自身のシュートスペースを作ることにつながります。

「26」を実践する練習例

プルアウェイの動きを取り入れたシュート

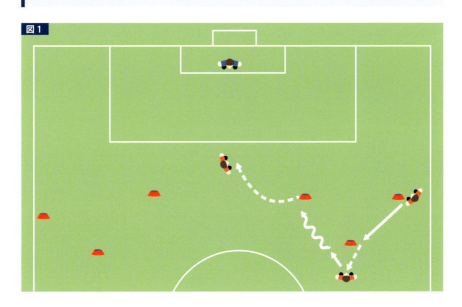

図1

STEP 1 プルアウェイの動きについて学ぶ

　図のようにマーカーを配置し、相手選手に見立てます。フォワードは、マーカーの地点からプルアウェイの動き（ボール保持者から逆サイドに向かって離れる動き）を行います。それによって、ボール保持者にスペースを与え（①）、ボールを運ぶ選択肢も与えます（②）。同時に自身の足元にもボールを引き出すスペースを作り出します（③）。そのスペースに相手が入ってきたら逆をつくという幅も得る（④）ことができるわけです。必要であれば、浮き球によって相手ディフェンダーの背後でボールを受けることもできます。そういったプルアウェイの動きによって、足元でボールを受けてシュートへ。ここでは、プルアウェイの動きとその動きによって得られる4つのアドバンテージ（①から④）を導入として学びます。

見方

 攻撃　 守備　 マーカー　 ボールの動き　 人の動き　 ドリブル

図2

STEP 2 ▶ 見てスペースを作る

　次に、相手ディフェンダーをひとり置きます。私の経験上、指導者がその役を行うのが一番いいでしょう。指導者をもうひとりの相手守備者とみなし、スペースを作る作業を行います。フォワードは指導者がどこに立っているかの情報を動きながら得る作業を求められます。見るという作業です。場合によっては、ボディープロテクトを行う必要があるでしょう。つまり、相手ディフェンダーである指導者の立ち位置によってあまりスペースがない場合は、背中や腕、お尻を使って自分の足元にスペースを作り、ボールを呼び込む作業です。このプレーを試合中に巧みに用いたのが、レアル・マドリードなどでプレーした元ブラジル代表 FW のロナウドです。現在であれば、FC バルセロナのルイス・スアレスが、自分の体をうまく使って、ゴール前の密集地でも自身がフィニッシュするためのスペースを作るのがうまい選手です。

図3

STEP 3 ▶ 相手をつけた中での実戦トレーニング

　ディフェンダーをさらにもうひとり置きます。その選手はフォワードがスタートするマーカー上に立ち、ミッドフィルダーがボールを受けたタイミングから守備を始めます。この守備者は本気でボールを奪ってかまいません。フォワードにとっては、相手がどのような守備をしてくるかによって、導入で学んだ4つのアドバンテージのいずれかを使うための判断を養うトレーニングになります。この守備者がボールに対してプレッシャーをかけてこなければ、ボールを運べばいいでしょう。プルアウェイをしたフォワードについていった場合は、フォワードがそのスペースを使ったり、ミッドフィルダーが緩急をつけたドリブルでそのまま突破したりすることができるでしょう。逆に、ミッドフィルダーにボールが渡る間に守備者がプレッシャーをかけてきた場合については、パスコースが切られていたり、プレスのタイミングが遅かったりするときには、頭を越えるパスを選んでもいいでしょうし、フォワードがサポートに入っての壁パスも使えるでしょう。状況によって判断を変えることが重要です。これは、「20」にもあるアクションとリアクションによって良いプレーが成り立っているということにもつながります。ちなみに、指導者が務めているもうひとりのディフェンダーは守備をしません。あくまでも、フォワードが、もうひとりの守備者の位置を認識したり、ボディープロテクトの重要性を学ぶための刺激になったりする存在です。このメニューにおける大事な点を速いスピードの中で行ってください。より高いプレーリズムの中で行うべきです。

MIKEL ETXARRI's
BASIC NOTE 100

リベロとマーカーの距離を制限する

　リベロを置く際に注意する点、それはその選手が非常に高いインテリジェンスを持ち、プレーの解釈に優れ、技術的にもフィジカル的にも恵まれていなければならないということです。これが大前提になります。また、リベロと、相手のマークを行っている味方ディフェンダーとの距離が長くならないようにすることも重要になります。マーカーたちの誰かが突破された際に、攻撃に転じるスペースと考える時間を相手チームに与えないようにするためです。

MIKEL ETXARRI's
BASIC NOTE 100

ボールに対して遠い方が修正する

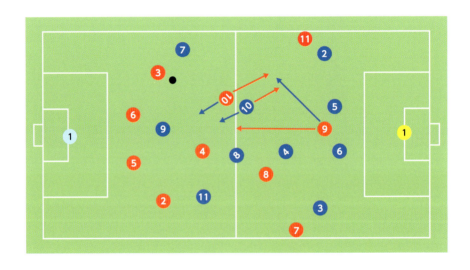

　選手たちが、しばしば質問してきます。「誰が先に動き始めなければいけないのか」と。ある状況においてチームがいかに高いパフォーマンスを発揮できるかを考えた場合、この質問に答えるのは簡単ではありません。なぜならば、選手のタイプ（プレーがよく見えている選手、初速が速くスペースに抜けるのが好きな選手、足元の技術が高い選手など）によって、答えはひとつではないからです。しかし、基準を示すことはできると思います。「ボールに対して遠い選手が修正する」と。なぜなら、より見えているからです。これは、攻撃の際も守備の際も、どちらにおいてもあてはまることです。

声で押す

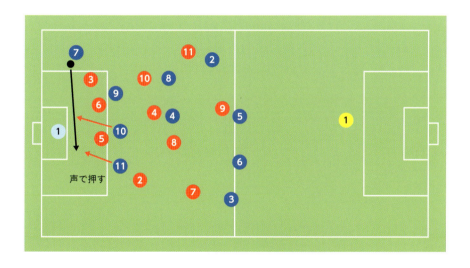

クロスからの攻撃の際、うしろからランニングをしてファーポストにフリーで詰めようとしている選手に気づかず、より前の選手がファーポストに向かおうとするケースがあります。この場合、何が必要でしょうか。後方の選手が強い声で前の選手の背中を押し返し、ファーのスペースを埋めさせないことが大切です。私は、このプレーを「声で押す」と呼んでいます。

「28」「29」を実践する**練習例**

クロスからのシュート

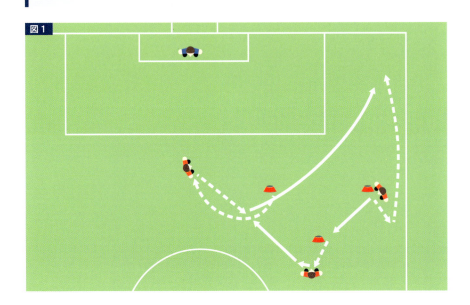

図1

STEP 1　時には近いサポートを行う必要がある

　「26」の練習例、「プルアウェイの動きを入れたシュート」と同じオーガナイズであり、その発展版として、主にジュニア年代の指導で利用できるメニューです。ここでも、クロスを上げるまでにいくつかのコンセプトを確認することができます。

　図1のように、サイド、中盤、フォワードと3つの役割があり、サイド→中盤→フォワードの順番にローテーションをこなします。サイドの選手はパスをしたあと、パスコースを作り直すべく、すぐにサイドに少し開きます。そのとき、フォワードはプルアウェイの動きを入れます。中盤の選手がボールをコントロールしたときは、プルアウェイによって自分自身のために作られたスペースに顔を出します。ここでは、ボール保持者の状況によって、時には近いサポートを行う必要がある旨を説明するべきです。それによって、選手たちは近いサポートをいつ行うべきなのか、その理由を知ることにつながります。そのあと、三角形のコンセプトを利用してサイドの選手にボールを預けます。これがクロスの状況を作るまでの説明です。これらの動きがなぜ行われるのかを選手に理解してもらうこと、そして、それをしっかりとこなしてもらうことが、クロスを上げる状況に至るまでの指導者の仕事と言えます。

見方

 攻撃　 守備　 マーカー　 ボールの動き　 人の動き

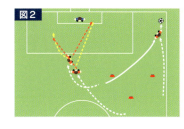
図2

> **STEP 2** ボールに近い選手はプレーを速く決断する

　クロスの状況になったら、相手ゴール前に先に到着するフォワードは、ニアに詰めるかファーに詰めるかを決めます。ゴール前に急いで上がってきた中盤の選手は、自分がニアに行くのかファーに行くのかをフォワードの動きに合わせて決定します。ボールに近い選手は自身のプレーを速く決断してほしいということです。そうでないと、遠い選手がそれに合わせて修正することができません。最初から「センターフォワードはニアへ」と決めてしまうよりも、判断が存在して攻撃に多様性が増しますし、相手も守りにくいところに、このコンセプトを意識してクロス攻撃を行う意義があります。

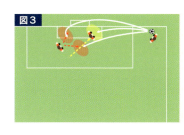
図3

> **STEP 3** 遠い方の選手はふたつのボールを両方処理する

　ファーに向かう選手は、ペナルティースポットとファーポストのふたつのポイントに向かうボールを両方処理する責任があります。どちらにボールが来るかは、ギリギリにならないとわかりません。ペナルティースポットにクロスが直接来ることもあれば、ニアに上がったクロスがそのまま触られずにファーに流れてくることもあります。どちらも、遠い方の選手が処理しなければいけません。難易度が程よく高く、成功すればゴールを決められるということで、選手たちの集中力が上がっていきます。

> **STEP 4** 原則はあくまでも原則

　原則としては、常に「近い方が決定し、遠い方が修正する」と考えられます。しかし、これはあくまでも原則であり、ボールに遠い方の選手が最後に決断しなければいけないかと言われれば、必ずしもそうではない状況もあるでしょう。よくあるのが、遠い選手が前の選手に指示をし、前の選手がそれを受けて動くというもの。このメニューでいう中盤の選手がフォワードに指示するわけです。「ファーにふくらんでくれ！」と。そうすることで、自分がニアにパワーを持って詰めるのが目的です。これは、「29」の「声で押す」に近い状況です。厳密には、「声で押す」があてはまるケースは、近い選手がファーに行こうとするのを遠い方である中盤の選手が修正するというものですが、根本にあるコンセプトは「遠い方が修正する」点で同じです。また、このメニューで大事になるのは、速いスピードの中で一連の攻撃を行うことです。物理的に速いスピードの中で、近い選手は決断を速くし、遠い方の選手はそれをすかさず認知して自身のプレーに関する決定を下すことが求められます。

エイバルのメンディリバル監督の意見

　クロス攻撃を志向するエイバルのメンディリバル監督は、この状況でクロスを上げる選手は味方が到着するのを待つべきではないと言います。「速いクロスをとにかく打ち込め。そこに到着する選手がいない場合は到着できなかった選手たちが悪い」とのこと。逆にクロスを上げられる状態でクロスを上げなかった場合は、「クロスを上げてほしい」とサイドの選手に要求を出します。ですから、この練習でも、クロスを上げる選手は上がってくる選手を待つのではなく、速いクロスを3つのエリアのいずれかにとにかく上げることを求めます。正確性よりもまずはスピード。その中から徐々に洗練されていけばいいのです。

MIKEL ETXARRI's
BASIC NOTE 100

数的優位より
ポジション優位の方が大事である

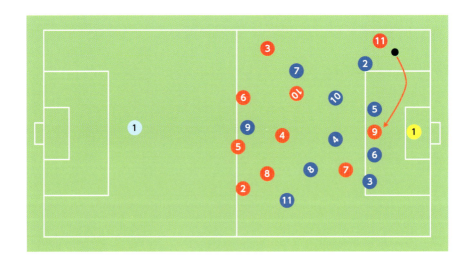

　現在ももちろんですが、かなり昔からフットボールの世界では、攻守において数で上回ることがいいとされます。しかし、この競技において、より良いパフォーマンスを発揮するためには、数の上で優位であるか不利であるかよりも、ポジションでいかに優位に立つかが最も大事なのです。数的優位がポジション優位を促すことは事実です。しかし、本当に重要なのは、何人がそこにいるかではなく、その選手が何をしているかです。

「30」を実践する**練習例**

2対2＋3フリーマン

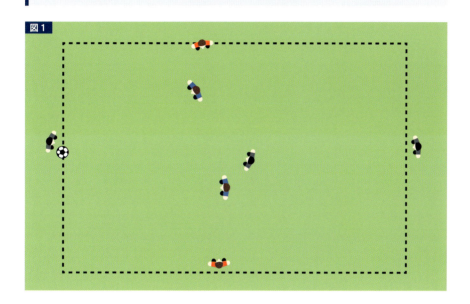

図1

STEP 1 どこにポジションを取るか

　非常に一般的なメニューのひとつでしょう。グリッドの中に2対2があり、フリーマンがひとりいます。フリーマンは、向かい合う形でグリッドの外にもふたりいます。場外フリーマンから反対側の場外フリーマンにボールを渡すことを目指します。場外フリーマン同士のパス交換は禁止です。中のフリーマンを含めた3人を必ず一度は経由しなければならないことになります。局面的に見れば、攻撃方向がある4対2とも言えると思います。

　ボールを多く保持する外のフリーマンに意識してもらいたいのは、中央のプレーとサイドのプレーの見極めです。ボールを反対側へと届けるには中央とサイドのどこが有効な場所なのかを見極めるということです。技術的には、パスの正確性がカギになります。

　このメニューの主役は中の3人です。どこにポジションを取ればパスを受けたときに相手のプレッシャーのラインを突破できるのかを判断します。それがポジション優位ということです。

見方

フリーマン　　ボールの動き

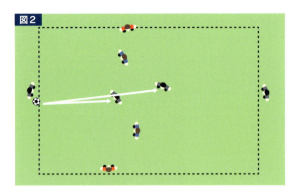

STEP 2 中央でプレッシャーを攻略する

相手が中央にスペースを空けた場合、中央にいるフリーマンはどこに立つべきでしょうか。図2のように、ボールに対してより近いところで受けることで相手からプレッシャーをかけられてしまう場所もあれば、相手ふたりの背後でボールを受けることでプレッシャーを攻略して反対サイドに向かうことができる場所もあります。

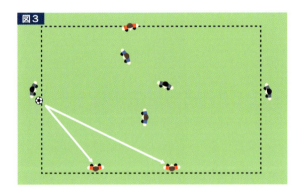

STEP 3 サイドで相手のプレッシャーを受けない場所に立つ

サイドでも、同じことが言えます。図3のように、ポジション優位を獲得しようと中央の選手が相手の背後でボールを受けようとし、それを防ぐために相手が中央を閉じてきた場合は、サイドにスペースができます。大事なのは、そのスペースを利用するためにサイドの選手がどこに立つかです。ボールをもらう際には、相手のプレッシャーを受けない場所に立つことが大事です。

このメニューで大事なのは、グリッドの大きさです。年齢や競技力に合わせて、絶妙のサイズを選ぶ必要があります。あまりにも広すぎると、ポジション優位を獲得していない状態でボールを受けても守備者のプレッシャーが届かず、意図する内容を学ぶ必要性が出ないメニューになってしまいます。逆にせますぎるとプレッシャーが速く到達し、状況を見てそれを分析した上でポジションを取るという時間がなかったり、技術力が伴わない場合にはボールを奪われる回数が多くなり過ぎたりしてしまいます。

31

MIKEL ETXARRI's
BASIC NOTE 100

良いフットボールをするのは難しく、その形はひとつではない

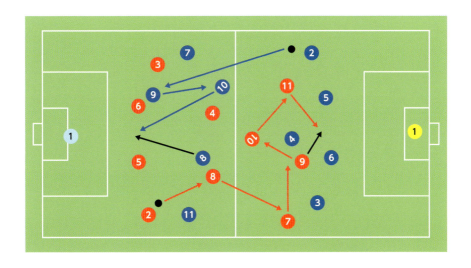

　良いフットボールをする、悪いフットボールをするとは、何をもってそう表現するのでしょうか。チームが良かった悪かったと評価する上では、異なったフットボールの見方が存在します。自陣に引いてプレーすること、ポゼッションを主体にプレーすること、ダイレクトプレーを中心に攻撃すること、プレッシングを高い位置でかけて守備をすることなど、試合を有利に進めるためにはさまざまな方法が存在します。評価する際には、準備していたスタイルやプレーモデルでプレーできたかどうか、そして、それぞれの局面で結果を出せたかどうかが問われます。ひとつのチームが良いプレーをしたかどうかを決定するのは難しく、その方法は複数存在します。そこでは、そう評価した理由をしっかりと見つけることができなければいけません。

MIKEL ETXARRI's
BASIC NOTE 100

フットボールをプレーする際の目的は『点を取られず』に点を取ることである

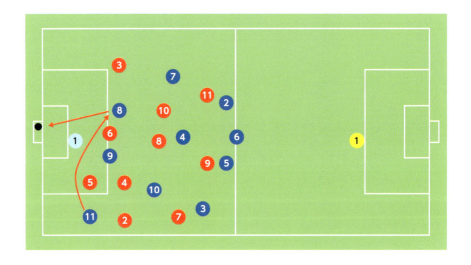

　「フットボールは点を取るスポーツだ」、「相手よりもいかに多くの点を取るかだ」と言うことがありますが、それは決して正しくはありません。この競技における勝ち点の獲得方法を思い出してください。失点しなければ、勝ち点を必ずもらえます。しかし、得点は勝ち点の獲得を必ずしも保証してはくれません。得点しないと最高でも勝ち点を1しかもらえないのももちろん事実ですが、失点せずにゴールを1度決めれば、勝ち点3をもらえるのもまた事実なのです。

33

MIKEL ETXARRI's
BASIC NOTE 100

技術的に貧しいチームは、スペースを確保した状態でプレーできるように、速攻を志向するべきだ

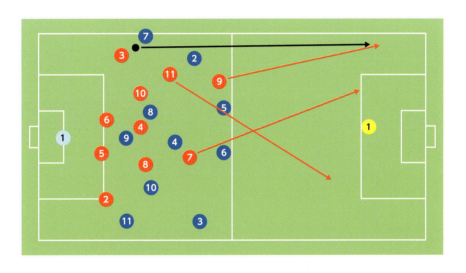

　そのチームの特長が「クオリティーである」とは決して言えない場合、攻撃する際に、相手ディフェンダー同士の間やディフェンダーとゴールキーパーの間にスペースを作らなければなりません。つまり、速攻を主体に攻撃を組み立てるべきだということです。数的優位の獲得を通じてポジション優位の獲得を目指すことは、もちろんできます。ただ、その際に気をつけなければならないのは、相手の守備陣に組織を構築する時間を与えてしまうと、技術の低いチームは攻略に苦戦するという点です。

全ての瞬間で攻撃と守備が存在する

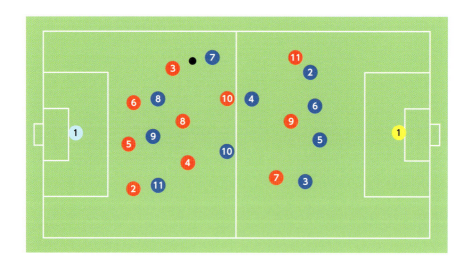

　指導者養成学校では、攻撃のコンセプトや守備のコンセプトが教えられます。攻撃のコンセプトはチームがボールを持っているとき、守備のコンセプトはボールを持っていないときと定義されますが、どちらのチームがボールを持っているかに関係なく、攻撃に関して常に準備していなければいけない瞬間や選手が存在します。守備についても同じです。あるチームのゴールキックのシーンを例に挙げましょう。キーパーがピッチ中央にボールを蹴り込んだ場合、ボールを蹴り込んだキーパー側のチームは攻撃だけを考えるべきでしょうか。いえ、違います。そのチームのディフェンダーたちは、守備のコンセプトを実行していなければなりません。つまり、攻守両面の要素が常に存在しているということです。

「34」の解説

ピッチ上には3つのグループが存在する

　自チームがボールを持って相手陣地で攻撃をしているとき、そのチーム全員が本当に「攻撃」をしているのでしょうか。いえ、違います。その瞬間、ピッチ上には3つのグループが存在します（「79」参照）。ボール付近の選手たちは、「攻撃」①をしていかに相手ゴールを脅かすかを考えるべきでしょう。しかし、キーパーやセンターバック、守備的ミッドフィルダーを中心とした後方の選手たちは、自チームがボールを奪われて相手が攻撃に転じてくる場合に向け、「守備」②のブロックを構築しておくべきです。これをスペイン語では Vigilancia（警備）と言います。日本の現場では、リスクマネジメントと呼ばれることが多いと思います。そして、3つ目のグループは、「攻守両方」を考慮するべき選手たちです。逆サイドのアタッカーや反対サイドの中盤の選手、また、守備的ミッドフィルダーもそこに入ってくるでしょうか。これはチームがボールを持って攻撃に転じている際の3グループですが、ボールを持たずに守備をしている際にも、こうした3つのグループが存在すると言えます。

　ＦＣバルセロナのように逆サイドの選手がピッチいっぱいに広がってプレーするチームがありますが、それは各局面で優位性を持つ選手が集まっているからです。洗練された判断と優れたボール扱いを有する選手が居並び、ボールを失うことがないがゆえに、実現するところはあります。

35

MIKEL ETXARRI's
BASIC NOTE 100

指導者は、ボール近くの現在のエリアではなく、その先に有益になる未来のエリアに集中するべきである

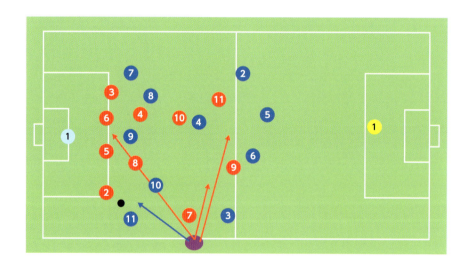

　フットボールを読む眼は、選手の質の高さを評価する上で大事な要素になります。それは、指導者を評価する際も同じです。予測する作業は、プレーのパフォーマンスを向上させる上で最も大事な要素なのです。そして、プレーを見る眼は、ボールの近くではなく、その先の未来に有益になるエリアに向けられるべきです。それは、プレーの予測を促し、ゲームを支配することにつながります。

MIKEL ETXARRI's
BASIC NOTE 100

ボキャブラリーは選手と指導者の間で共通したものであるべき

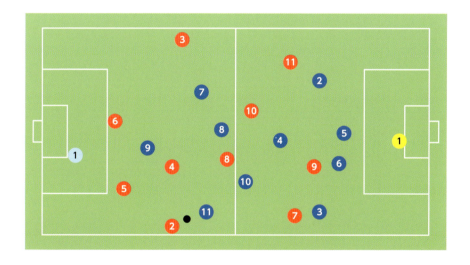

　話すことは、人間社会における重要なコミュニケーション手段です。人間は、同じ言語を使うことで理解をより深めようとします。もしくは、理解を深めようとする人間同士は、同じ言語を使おうとします。フットボールにおけるチームは、構成員である各選手が共通の目的を達成するために、それぞれの努力や頑張りをひとつに集結させようとする場所です。試合やトレーニングの中で互いを理解するには、メンバー同士が同じ意味を持った言葉を使うことが必要です。フットボールにおいてボキャブラリーを共有するということです。

多様な目的を達成するための中間ポジション

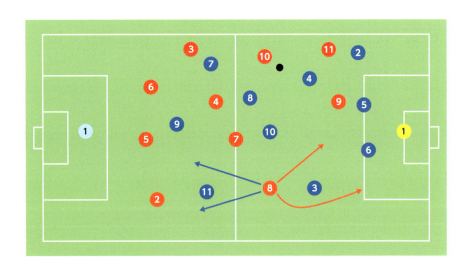

　数的不利な状況下では、次の瞬間に有益なエリアになり得る場所では特に、あるポジションに立つことで複数の利益を得られるようにしなければなりません。中間ポジションを取ることです。中間ポジションは、ひとつの場所にいながらにして、複数の目的を持った複数のアクションを行うことを可能にします。そのポジションにいることで、攻撃時のサポート、背後に抜ける動き、そして、守備へのサポートを状況に応じて行うことができます。

MIKEL ETXARRI's BASIC NOTE 100

リスタートのアドバンテージ

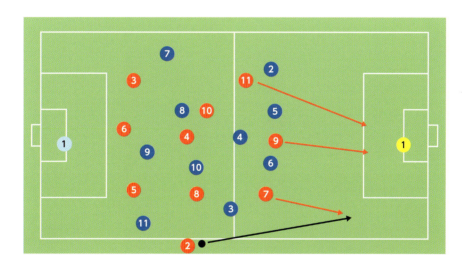

　チームがパフォーマンスを発揮する上では、スタートのスピードが大事になってくるでしょう。それは、主に自チームがスローインやフリーキック、ゴールキック、コーナーキックなどのセットプレーを行うときのスピードのことです。できるだけ速くリスタートを行えば、相手を驚かせることができます。逆に言うと、相手がボールを持って再開する際には、相手にとって有益なエリアをすぐさま埋める必要があるということです。

未来に注意する

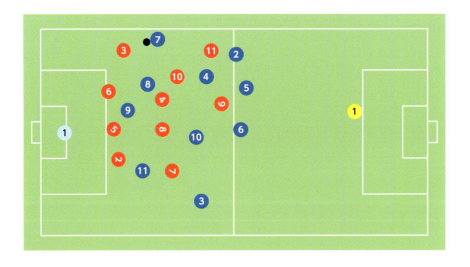

　「注意する」と「集中する」、このふたつの言葉が混同して使われることがしばしばありますが、区別されるべきです。「注意」は、広い場所や長い時間に意識を向けることを意味します。これに対して「集中」は、特定の場所や限られた時間に意識を向けることを意味します。選手は、まずは自身が担当するエリアを埋めておくべきでしょう。そして、自身のエリアで何が起こってもいいように、準備された状態をあらかじめ作っておくべきです。守備面で驚かされることがあってはいけません。そのためには、相手チームの誰がどのようにプレーするのかを注意して見ておかなくてはなりません。

「39」を実践する**練習例**

ボールなしの
ポゼッション or ゲーム

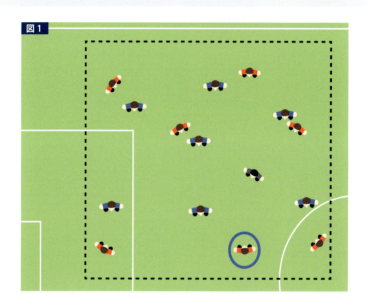

図1

STEP 1 判断の部分に働きかけられるメニュー

　「見る→情報を得る→決断する→実行する」という流れが一個人のプレーの中に存在するとすれば、ボールを使わないこのトレーニングは、最後の「実行」のフェーズを取り払ったメニューになります。そうすることで、コントロール、パス、ドリブルなどに気を取られずに済み、その前の段階により集中することができます。図1、2のような7対7＋1フリーマンでもいいと思いますし、そのほかの人数でやっても全く問題ありません。足場の悪い場所しか使えない場合やスペースがせまい中でトレーニングしなければならない場合などに、判断の部分に働きかけられるメニューとして非常に効果的です。

　チーム全体でボールを保持しようとする点は、ボールを足で扱うポゼッションと同じです。しかし、実際にはそれをボールなしで行います。ボールを持っている（とされる）選手は、手を上げます。ボールがそこに存在するサインになります。手が上がっている選手は、ひとりでなければなりません。仮に手を上げている選手が同じチームにふたり以上いたら、指導者が止め、相手チームの誰かひとりに素早くボールを持たせます。

　パスはどのように成立するのでしょうか。ボールを持っている選手が手を下ろし、ほかの選手が手を上げた段階で、そのふたりの間でパスが成立したものとします。ドリブルの存在も大事になります。手

見方

 フリーマン　 マーカー

を上げている選手は、そのまま走ったり歩いたりすることで、ボールと一緒に移動することができます。
　ボールはどのように奪取されるのでしょうか。守備側の選手がボールを持っている相手選手にタッチしたら、ボールが奪われたものとみなします。その瞬間、指導者は、ボールを持つべき選手の名前を素早く呼びます。必ずしも、ボールを奪った選手がリスタートを行わなければいけないわけではありません。その付近にいる選手、あるいは離れている選手の名前を呼び、ボールを渡します。

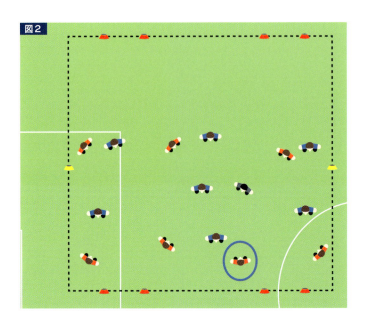

図2

STEP 2　ボールが来る直前まで直近の未来に意識を向ける

　このゲームを有利に進める上で大事なのは、相手にタッチされないようにいいポジションを取り、情報を常に収集しておくことです。ボールの移動スピードはすごく速く、ボールを扱ういつものポゼッションよりもプレーテンポが速くなります。
　発展形として、ゴール（赤いミニゴール。ドリブル通過）を置けば、攻撃に方向性が生まれます。図2では、赤が上方向に攻撃し、青が下方向に攻撃しています。オフサイドライン（黄色いマーカー）を設定すると、選手たちはオフサイドを意識することも求められます。
　ほかのスポーツに比べてサッカーが難しいとされる理由のひとつに、足でボールを扱うことが挙げられます。特に育成年代の選手たち、あるいはボール扱いの技能がそれほど高くない全てのサッカー選手たちは、ボールが自分のところに来る前は、自身の注意をボール扱いに向けていることがしばしばあるでしょう。しかし、このメニューではその必要はありません。その分、別の点に注意を払えます。ボールが来る直前まで周囲を見て、次のプレーである直近の未来に意識を向けることができるわけです。守備においては、その傾向が特に顕著になります。攻撃方向があるゲームでは、ちょっとしたマークのズレや最終ラインで少しでも気を抜くことがあると、長いパスで背後を取られてしまうかもしれません。未来に対しての準備として、常にポジションを修正したり、味方に情報を与えたりすることが大事でしょう。

MIKEL ETXARRI's
BASIC NOTE 100

価値のあるスペースに変わり得る場所を相手よりも速く予測する

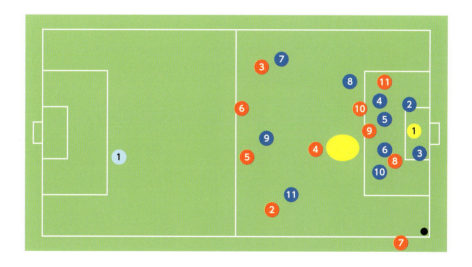

　チームのパフォーマンスを高める上でひとつ大事になるのは、近い未来にどこが価値のあるエリアになるのかを知ることです。そして、相手よりも速くそのエリアに移動できるところに立っておかなければなりません。つまり、ポジション優位を獲得しておくことが大切なのです。相手ペナルティーエリアの手前でこぼれ球を拾うことがいかに重要であるかが、それを示す一例になるでしょう。

MIKEL ETXARRI's
Basic Note 100

パフォーマンス向上のカギとなる視野の確保

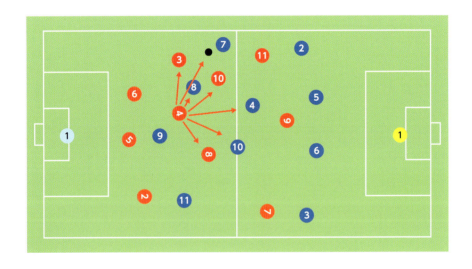

　選手は、自分のゾーン、ボールの状況、相手、仲間の情報を自身が立っている場所から得る必要があります。これらの情報は、スペース、スピード、時間をうまく使う際に必要です。つまり、自身のパフォーマンスを高めるのに必要な情報なのです。入手したいと思うのであれば、視野の確保が重要になってくるのは言うまでもありません。これらは、トレーニングで反復しないと獲得されないものです。そして、情報の獲得は、プレーの判断や実行に大きな影響を及ぼします。

「41」を実践する**練習例**

相手をつけての対面パス

図1

STEP 1 ▶ より複雑なメニューへと発展させる

「13」で行った対面パスのトレーニングに、相手をつけます。「13」のトレーニングでは、自チームの選手の動き方によって自分の動きを決めました。ここに相手役がつくと、より複雑なメニューへと変化します。混乱を避けるために、相手がいないメニューを行った上で、別の日に相手役をつけるトレーニングへと発展させるのがいいでしょう。

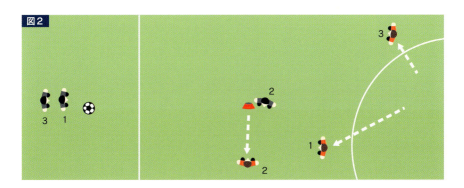

図2

STEP 2 ▶ 3人ずつの2グループでローテーション

6人を3人ずつの2グループに分け、同じグループの中でローテーションを行います。①でプレーしたあとにマーカーのところに行き、②の役割をこなしたら、③の位置に並ぶというローテーション（①→②→③）です。目的は、ボールを逆側に運ぶことです。

見方

マーカー　ボールの動き　人の動き　ドリブル

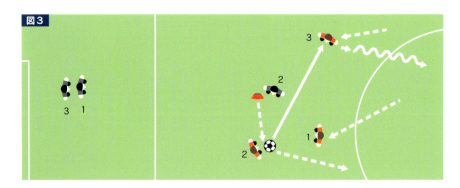

STEP 3 情報を正しく得る

　グレー1が、赤2にパスを出します。赤1は、赤2がボールを受けたら、プレッシャーをかけに行きます。赤2が赤3にパスしたら、赤1は、中央のマーカーの場所に向かい、赤2がこなしたボールを受ける役割を次に行うために、順番待ちをします。赤3は、赤2からパスを受けたらボールを運びます。同じことをもう一方のグループも行います。

　赤1がプレッシャーをかける角度によって、そのうしろに控える赤3は、パスコースを作り直さないといけません。もちろん最初は、ボール保持者である赤2が複数のパスコースを持つようにするために、赤2が作ったパスコースとは逆の方向へと動きます。しかし、そのあとは赤2の状況に応じてパスコースを作り直したり、時にはサポートに入るべく顔を出したりする必要があるでしょう。

　赤2は、マーカーから離れてボールを受ける際に、赤1がどの方向からプレッシャーをかけに来るのか、どのタイミングでプレスに来るのかなど、赤1の動きをしっかりと確認しておく必要があります。もしかすると、ターンすらさせてもらえないかも知れません。そこからの判断を正確に行うには、体の向きをしっかりと作って視野を確保し、情報を正しく得ることが大切になります。

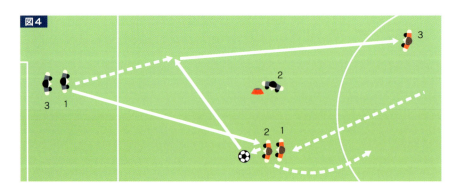

STEP 4 次のプレーの準備に向かう

　グレー1は、パスを出して終わりではなく、赤2がターンさせてもらえない場合も想定し、すぐに次のプレーの準備に向かうべきです。赤2が赤1のプレッシャーによってターンできない場合は、グレー1に一度リターンパスをすることが必要になるでしょう。目的はあくまでも逆側にボールを運ぶことなので、その場合には、最終的にグレー1が赤3にパスをするパターンでもいいでしょう。グレー1は、最初に赤2にパスしたあと立ち止まらず、ボールを再度受ける必要性もあることを考慮して、サポートの仕方を考えておかなければなりません。

幅は失ってもいいが、深みを失うことはできない

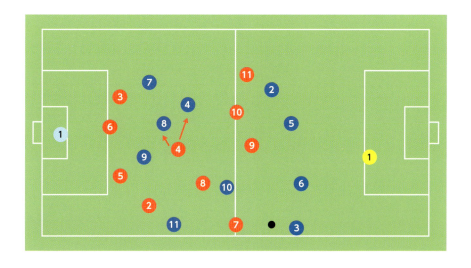

　ピッチの中央軸付近にいる守備的ミッドフィルダーが守る際の優先順位についての話です。マークを行う際、タッチライン方向に距離を取ってボールを受けられるのは許してかまわないでしょう。なぜならば、そのあとに自分がダイアゴナルに自陣方向へ帰れば、ゴールへのシュートコースもしくはパスコースを切ることができるからです。しかし、自ゴール方向に距離を取られてしまうと、その選手にボールが渡った場合に帰陣することができません。このエリアでポジションバランスを保つことは、非常に重要です。

MIKEL ETXARRI's
BASIC NOTE 100

ピッチ中央での
ポジションバランス

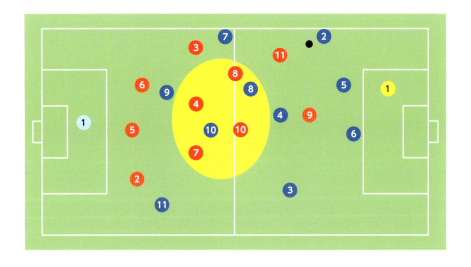

　どのラインにおいても、チームのポジションバランスを保とうとするのは普通の行為です。攻撃的選手が守りに転じる際に守備時に求められるポジションを埋めることは、よく見かけます。ただし、ピッチ中央のスペースを埋める行動については、特に強く強調したい点があります。主にこのエリアでプレーする選手たちが試合中に気をつけるべきことがあるのです。それは、チームがボールを失ったときに、中央に「きれいな通路」が存在しないようにすることです。攻撃に転じるためにそのポジションを空けるのは決して禁止されることではありませんが、そのエリアが空になってしまうのは、絶対に避けなければいけないのです。

44

**MIKEL ETXARRI's
BASIC NOTE 100**

騒音の中を生きる

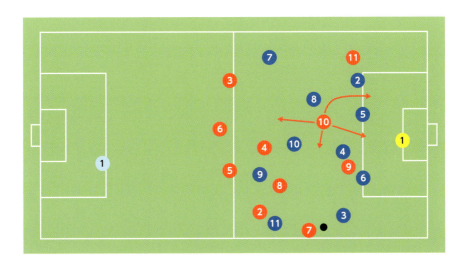

　ある時間の中でさまざまな刺激を受けながらプレーすることを知るべきです。識別力を高め、各状況において適切なアクションを選択する、これこそが戦術的に豊かであるということです。選手たちに複数の選択肢を持ってピッチに立つことを当たり前とさせるのが重要です。そして、選手たちは、どれを選ぶのかを状況に応じて決断するのです。これは、練習しないと身につけることができません。

MIKEL ETXARRI's
BASIC NOTE 100

フットボールにおける才能とクオリティー

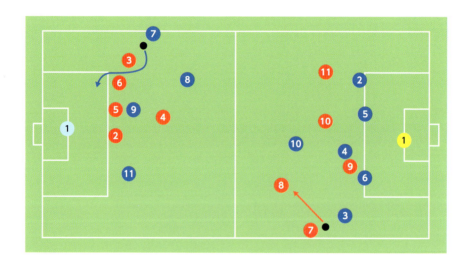

　才能とは「ある活動において物事を遂行する能力」です。フットボールにおいては、この定義が、「ボールを持って難易度が高いプレーを実行する能力」と、しばしば理解されます。しかし、それは違います。フットボールにおける才能とはインテリジェンスであり、理解する力です。才能がある選手は、高い知能を持ち、ピッチ上でそれを申し分なく表現することができる存在です。クオリティーとは何でしょうか。「何かの中にある価値」です。それは、フットボールにおいては何でしょうか。選手やチームの技術面だけを対象に使われる言葉では決してありません。戦術面やフィジカル面について、そして、心理面についても同様に使われるべき言葉です。フットボールに必要な全ての要素を対象に使われるべきなのです。全てにおいて高いクオリティーを備える選手やチームが、フットボールにおいて才能のある存在だと言えるでしょう。

MIKEL ETXARRI's
BASIC NOTE 100

背景を知ることも
プレーを評価する一部である

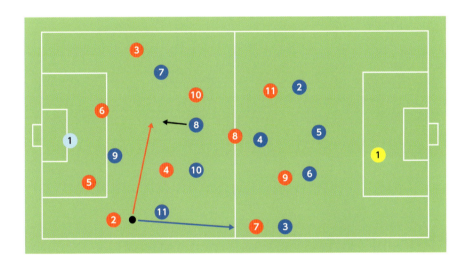

　選手のアクションを評価する際には、プレーに影響を与える要素をしっかりと考慮する必要があります。それは、フィジカルの状態、心の状態、表面的ではないゲームの状況、ピッチ外との関係、相手の存在などのことです。プレーそのものだけを評するのではなく、選手が置かれている背景について理解を深めるのも、評価する作業の一部になります。

MIKEL ETXARRI's
BASIC NOTE 100

基本的なことを
いかに素晴らしく行えるか

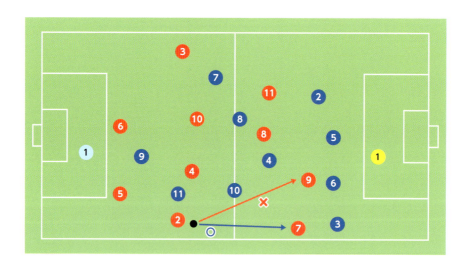

　フットボールにおいては、簡単なことをいかに「素晴らしく」行えるかが大事です。戦術的に難しい作業を行うことが重要なわけでは、決してありません。難しいプレーは、天分に富んだ選手たちのみが実行できるものなのです。チームがいいプレーをする上で大事なのは、高い集中力に加え、フットボールのコンセプト（原理原則）をいかに理解できているかです。そして、それはトレーニングによってのみ獲得できるということもつけ加えておきましょう。

「47」を実践する**練習例**

5対3のポゼッション

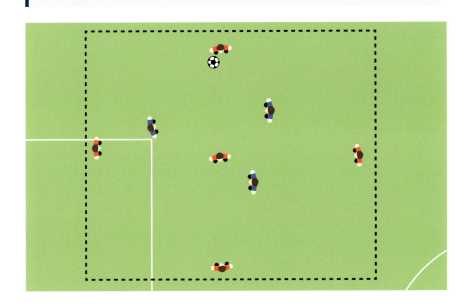

多くのコンセプトを学ぶことができ、その確認もできるメニュー

　この5対3のトレーニングは、攻守において多くの特定のコンセプトを学ぶことができ、その確認もできるので、いいメニューだと思います。後述するボールを持っているときに必要なコンセプトについて言うと、高い難易度の中で発揮することを求められるので、学びと確認のために特に効果的なメニューになっています。守備の3人は、ボールをグリッドの外に3回出せば、交代できます。あるいは、ボールを奪ってグリッドの外にドリブルで運び出したら、その時点で交代できます。ローテーションについては、8人全員に通し番号を打ち、最初の守備者は1から3番、次は4から6番という具合に回してはいかがでしょうか。簡単なメニューです。ボールを持っているグループに要求されるのは、チーム全体がボールを保持するために、個人は求められることをするだけという点です。

　求められるコンセプトは次ページの通りです。

ボールを持っているとき
・中央のプレーを作るために、ピッチを広げる
・中央のプレーとサイドのプレー
・パスコースを作る
・継続性（自分のプレーの前後に頭を休めない）
・ポジション優位
・三角形
・ボールから遠い選手は、近い選手の動きを見て全体の形を調節する
・ボールから遠い選手は、近い選手に情報を与える（話す）
・自分で情報を得る（ボールが来る前に見ておく。体の向き）
・パスをするのかしないのか（相手を固める＝時にはボールを保持し、あえてパスをしない
　選択も必要）
・ボディープロテクト
・ボールを失った際のプレッシング

ボールを持っていないとき
・ファーストディフェンダーの決定
・寄せるタイミング（ボールの移動時、相手の技術ミス時など）
・方向づけ（パスコースを切りながらアプローチする）
・ボールから遠い選手は、近い選手の守備を見て全体の形を調節する

　これらのコンセプトは、それぞれは非常にシンプルです。しかし、連続したプレーの中で、それらを
いかに正確に継続的に行うことができるかが、このメニューのテーマになります。守備側の3人が正し
く守った場合、ボール保持側としては、5人のうちのひとりでもコンセプトから外れてしまうと、ボー
ルを保持することが非常に難しくなります。

MIKEL ETXARRI's
BASIC NOTE 100

ポジションバランスの獲得は
パスコースを作ることにつながる

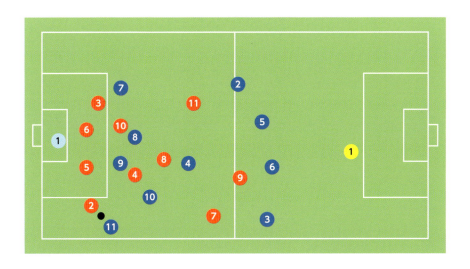

　ＦＣバルセロナなどのプレーを分析していると、あることに気づかされます。ボールを失った場合、ボールよりも相手ゴール側に残ってしまった選手たちは、さまざまな高さのポジションに戻ります。これは、ボールを奪い返しやすくするためだけでは決してなく、ボールを奪い返した際により多くのパスコースを作るためにも重要なことです。さまざまな高さや距離が存在することにより、そこで壁パスを行えたり、三角形を利用できたりするわけです。攻撃に転じる際には、ボール保持者、それに近い選手、遠い選手によって多くの可能性を創出できます。ただし、その可能性は、選手たちにフットボールの理解力とそれを実行する技術力があって初めて目に見える形になります。

正しく動く11本の棒を
突破するのは難しい

　もしも、チームの構成員がフットボールのロジックに沿って連動して動いたならば、それらに触れずに前進していくのは至難の技だと言えるでしょう。戦術に重要性を置くフットボールの競技特性を見ることが、ここからもできます。この点を基本として各選手たちの特徴をしっかりと考慮することで、チームのより高いパフォーマンスを得られます。

似たような状況での同じ回答

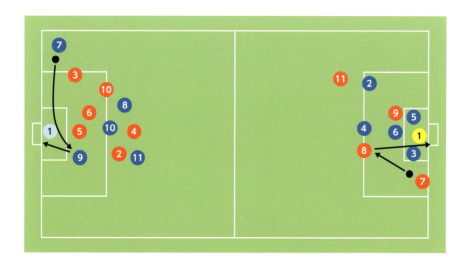

　膨大な時間、膨大な種類のフットボールを見ていくと、各状況において繰り返されるパターンのようなものがあることがわかります。こんな話をすると、「フットボールにおいて全く同じ状況が繰り返されることはない」という声が聞こえてきます。しかし、同じ種類の解答を出すべき似たような状況が多く存在するのも、これまた事実です。たとえば、ボールを持って相手陣内深くまで進入したサイドアタッカーが出すべき回答は何でしょうか。それはマイナス方向へのパスでしょう。なぜならば、相手のディフェンダーとゴールキーパーは、ゴール付近のスペースを優先して閉じようとするからです。そのパスはどんな長さで、どんな角度なのか、それはわかりません。いずれにしても、「マイナス方向へ」です。

51

MIKEL ETXARRI's
BASIC NOTE 100

90分間で得られなかったものを取り返すことはできない

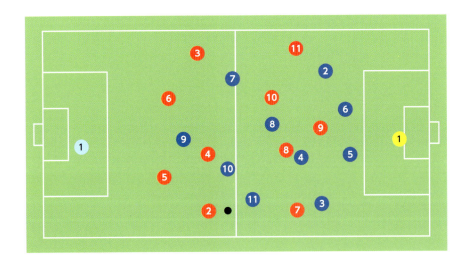

　フットボールでは、そのほかの多くの業種と異なり、90分間で獲得できなかったものを取り返す時間は存在しません。だからこそ、最大限の注意とモチベーションと仕事の質が求められます。一見、そうではないように思えますが、全ての試合において全員を高い集中力と高いモチベーションで試合に臨ませることは、監督を行う上での最も難しい作業のひとつです。試合開始のホイッスルが鳴ってから終了のホイッスルが鳴るまでの2時間程は、そのあとに取り返すことができないものです。

逆サイドのサイドバックの動き

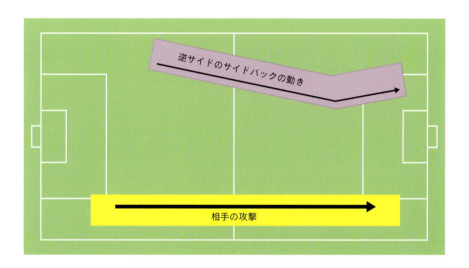

　相手チームによるサイドからの前進と攻撃に対する逆サイドのディフェンダーのポジショニングについては、相手の前進に対し、中央軸に向かって後方にダイアゴナルの動きを行う必要があるでしょう。相手がサイドチェンジを行った際に最も効果的にプレーに参加できるのが、この場所だからです。ボールの移動中にサイドに戻ることができ、なおかつ、中央の守備の強化にもつながります。このダイアゴナルの動きは、自チームの最終ラインに到達するまで行われ、そのあと、外向きのダイアゴナルの動き（前者より、距離は短くなる）へと移行します。相手の目標であるゴールがより近くなったことにより、ファーポストを守る必要が出てくるからです。

MIKEL ETXARRI's
Basic Note 100

攻撃陣の守備戦術の欠如はチームに危険をもたらす

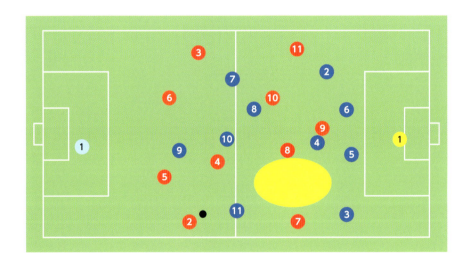

　あるチームが失点をしたとき、もしくは大量失点を喫したときに、キーパーと守備陣が抱える問題に注目してみると、そのプレーが始まってから終わるまでの全ての過程で何があったのかを分析しようとしていません。こういう状況を多くの場所で目にします。攻撃陣が失点を防ぐ上でどれだけ貢献するのかについて、目が向きません。たとえ、カウンターアタックによって失点したとしても、全ては味方攻撃陣がいる相手陣地からプレーがスタートしていることを忘れてはなりません。攻撃陣の守備戦術を高めることで、自陣に押し寄せる波が小さくなったり、なくなったりすることがあるのです。

「53」を実践する**練習例**

4+4対4+4のポゼッション

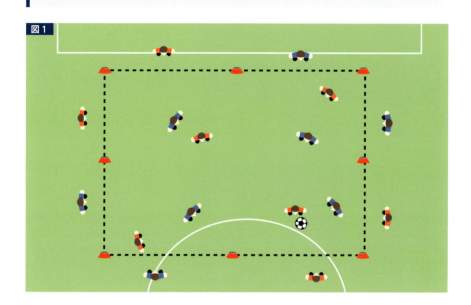

図1

STEP 1 前からプレッシングをかける際の守備のコンセプトに取り組む

　図1のように、長方形（正方形でも可能）のグリッドの中に4対4を配置し、さらに、グリッドの四辺にそれぞれのチームの選手をひとりずつ置きます。同じチームの選手がコーナーをはさんで隣り合うようにしてください。ここでの目的は、ボールを保持することです。グリッドの外にいる選手たちがプレーできるゾーンは、マーカーとマーカーの間だけとします。外にいる選手同士のパス交換も可能で、コーナーをはさんで隣り合う選手同士がパスしてもかまいません。また、中の選手は、外にいる選手のボールを奪いに行くこともできます。

　ここでは、守備のコンセプトに取り組みます。特に、前からプレッシングをかける際のコンセプトです。ボールに一番近い選手が、プレッシャーをかけるファーストディフェンダーになります。その選手は、「ボールの移動中に間合いを詰める」のです。ただ単にプレッシャーをかけに行くのではなく、「相手のプレーを方向づける」ことを心がけましょう。つまり、パスコースを切りながらプレッシャーをかけるのです。そのほかの選手はその方向づけに対応し、4人の「形を修正」していくことが必要。また、ロングボールが入った際は、そのボールに「帯同」しなければなりません。

　真ん中の4人は、フィジカル的にも戦術的にも非常に負荷が高くなっています。強いプレーテンポを

見方

求めてトレーニングを進めながらも、それが下がった際には、中と外のメンバーを入れ替えることで負荷を落とさなければなりません。プレーテンポが低いまま、プレーを続けさせることは避けましょう。

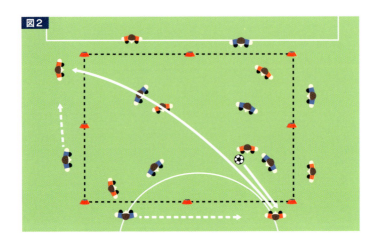

図2

STEP 2 ▶ グリッド外の選手同士による攻防を許し、負荷を高める

　トレーニング全体の負荷を高める方法として、グリッドの外の選手同士による攻防を許すことが挙げられます。外の選手にボールが入ったときに、隣のゾーンでプレーしている相手選手がプレッシャーをかけてもかまわない設定にするのです。こうすることで、ボールを持っている側の負荷が高くなります。なぜならば、プレッシャーを避けるためにボールをどこにコントロールしなければいけないかの判断を求められますし、ボールを持っている時間を短くする必要にも迫られます。プレーの正確性が、より求められます。

遠い方のセンターバックが守備を指揮する

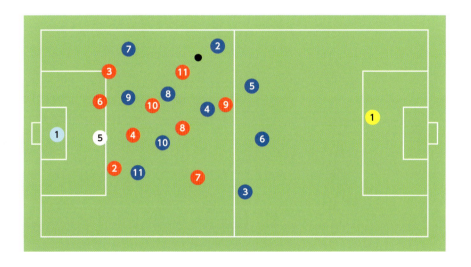

　個人的な考えであり、これまでに多くの議論を巻き起こしてきた意見なのですが、相手チームがサイドでボールを持って前進しようとしている場合、4バックでのプレーなら、遠い方のセンターバックが守備を指揮するべきだと、私は思うわけです。なぜならば、この選手だけが全てのカバーリングを行うことができるからです。

近い選手によるプレッシングと遠い選手による警備

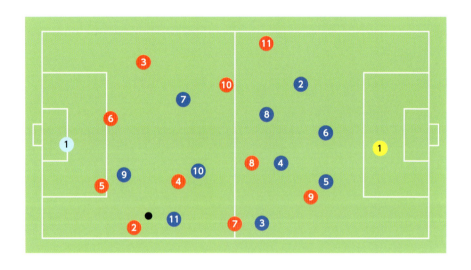

　チーム全体でプレッシャーをかけたいとき、ボールに近い選手たちは、ボールにプレッシャーをかけることを最優先に行動します。また、ボールから遠い選手たちは警備を行います。近い選手たちは、プレッシャーをかけること以外に、次にボールを受ける可能性がある相手選手に強い注意を払うことが必要です。遠い選手たちは、うしろから味方を援護しなければなりません。長いボールが出た際に、すぐさまインターセプトしたり、プレッシャーをかけたりするための準備、すなわち警備という行動が求められます。

「55」を実践する**練習例**

7対7のゲーム

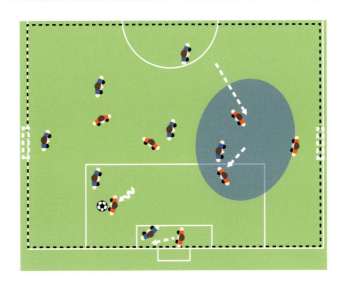

警備の重要性に選手たちだけで気づくのはなかなか困難

　ピッチの半面を使ったゲームです。警備（日本語で言うところのリスクマネジメント）のコンセプトにしっかりと取り組むには、攻撃方向があり、なおかつ人数をそれなりにかけたメニューが必要です。7対7や6対6のゲームがいいでしょう。

　警備は、選手たちだけでその重要性に気づくのはなかなか困難なコンセプトです。そして、これは、キーパー、センターバック、サイドバックの3者に特に強く求めるべきものです。自チームが相手のアタッキングサードに入ろうとしているときには、キーパー、反対側のセンターバック、反対側のサイドバックは、ボールが奪われた場合に備えて話をしておかなければなりません。指導者にとって必要なのは、このときに話す内容を教えてあげておくことです。

　キーパーに対しては、話すという行為を無闇に求めるのではなく、話す内容と知識をきちんと授けることが重要になります。たとえば、反対側の守備がなぜ大事なのか、それは、ボールサイドの守備者は、自チームがボールを失った場合には、プレッシングに行く味方をサポートするためにボール付近の情報に注意を向けたり、自分のポジションをより前に進めたりしなければならないからです。また、反対側のサイドバックは、最終ラインにいつ入って、中央を閉じるポジションをいつ取るべきなのか、それは、前方に何人の選手を残しているかなどによって変わってくるのです。

　警備をしっかりと行っておくことで、ボールを失った際に慌てて対応する必要がなくなり、むしろ相手のカウンターアタックを未然に防げるようになります。

見方

MIKEL ETXARRI's
BASIC NOTE 100

ペナルティーエリア前での最後のディフェンダー

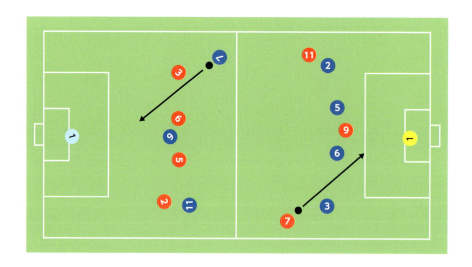

　守備の際、最終ラインを統率する人間が往々にしてラインをコントロールします。この選手は誰であるべきでしょうか。私が思うに、それはピッチに中央軸を引いた際に、そこに最も近い選手であるべきです。コントロールするのがサイドバックの位置にいる選手であった場合、オフサイドをかき消してしまったときに、ゴールとボールの間に立っていないことが多く、全ての選手をカバーリングすることはできない可能性があります。

「56」の解説

STEP 1 逆サイドのディフェンダーは全員をカバーリングできない

　一般的には、現場でまだまだ取り入れられていない考え方だと思います。往々にして、最終ラインをコントロールするのは逆サイドのサイドバックだと指導されることが多いでしょう。なぜならば、全体をもっともよく見ることができるのがその選手であり、かつ最終ラインも見えているからです。この指導自体は、決して悪いことではありません。しかし、気をつけなければならないのは、逆サイドのディフェンダーは全員をカバーリングできない点を選手たちが知っておくということです。最終ライン（ディフェンスラインの最後方）に立つのはあくまでも中央軸に近い選手であり、この選手が全てをカバーリングすることができる唯一の選手であるのです。そして、これを「最後のディフェンダー」と呼びます。誰が最後のディフェンダーなのか、この最後のディフェンダーがなぜ大事なのか、このふたつを選手たちに理解してもらう必要があります。

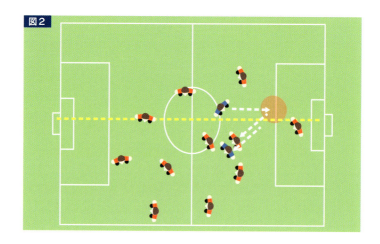

図2

STEP 2 2列目の選手にスペースを使われないようにする

　このコンセプトを身につけないと、ボールサイドに顔を出してサポートに入るセンターフォワードに対して遠い方のセンターバックがついていき、そのスペースを2列目の選手に使われる事態が起こります。前述の通り、逆サイドのサイドバックはそこをカバーリングすることができません。このコンセプトで言いたいのは、ここではそのフォワードについていくのではなく、最後のディフェンダーであり続けるべきだということです。中盤の選手に声をかけ、そのフォワードを受け渡すべきです。

図3

STEP 3 フィールドの選手にキーパーをさせない

　これらを指導現場で選手たちに理解してもらうには、何度も繰り返して強調したり、時には説明し直したりすることが必要になります。半面コートで7対7や8対8程度のゲームを行う際に、キーパーがその練習に合流できなかったり、キーパーがひとりしかいなかったりする場合がありますが、そのときは「最後のディフェンダーがペナルティーエリア内で手を使うことができる」ルールにします。フィールドの選手にキーパーをさせることを回避でき、同時にコンセプトの確認もできるという点で活用します。

円を描く動きとポジション優位

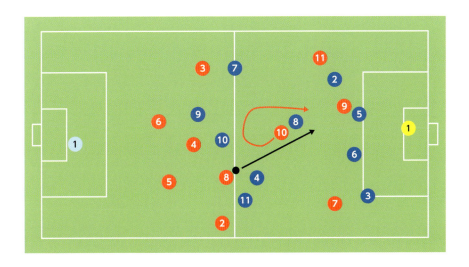

　円を描くのは、非常に効果的な動きです。これにより、ふたつのオプションが生まれます。相手がついてきた場合は、相手の背後にできたスペースを獲得（ポジション優位）できます。相手がついてこなかった場合は、自分の足元にスペースを作れます。また、円のサイズや受ける場所を調整することで、ポジション優位を獲得できます。

MIKEL ETXARRI's
BASIC NOTE 100

ラインをカバーリングするための逆サイドからのダイアゴナル

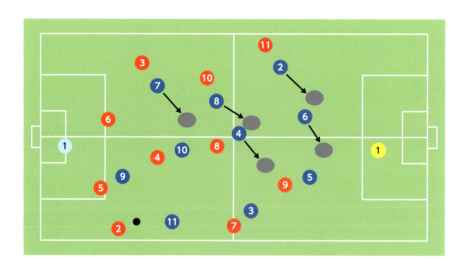

　プレー中に全てのラインがカバーリングされている状態をつくるためには、どうすればいいでしょうか。これを実現するには、調整の動きが試合の中で常に行われていなければなりません。さて、一方のゴールラインのちょうど真ん中から他方のゴールラインのちょうど真ん中に線を引くと、ピッチを左右に２分割できます。前述した「調整の動き」とは、その線をはさんでボールとは逆側のサイドに位置する選手たちが、後方にダイアゴナルの動きを行うことです。それによって、ライン間の絶え間ないカバーリングが達成されます。ボールが中央にある場合は、両サイドからダイアゴナルの動きが行われるべきです。

「58」を実践する**練習例**

6対6＋3フリーマン（3ゾーン）

図1

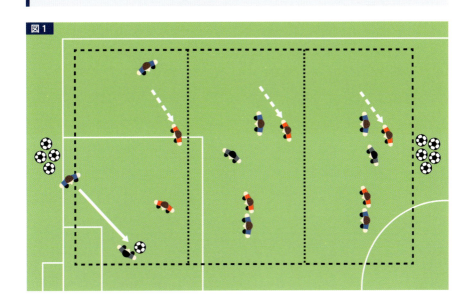

STEP 1 3つのゾーンそれぞれに2対2を配置

　図1のように、大きな長方形のグリッドの中に3つのゾーンを設け、それぞれのゾーンに赤と青の2対2を配置します。各ゾーンには、フリーマンを置きます。一方の側から逆側（図上の右から左、あるいは左から右）へとボールを運んだ場合、1点とします。決められた攻撃方向はありません。また、オフサイドは適用しません。青チームが場外にあるボールを拾ってスタート。赤がボールを奪った場合、青が向かっていたのとは逆の方向を目指します。ゾーンから出ることは、基本的にはできません。ボールを持ってドリブルで別のゾーンに入ることは例外として許されますが、そのゾーンの選手にできるだけ速くボールを預けるという条件つきです。ゾーン間を越えるパスも可能です。一番うしろのゾーンから一番奥のゾーンにいる仲間に、浮き球を届けることも可能です。

見方

フリーマン　ボールの動き　人の動き

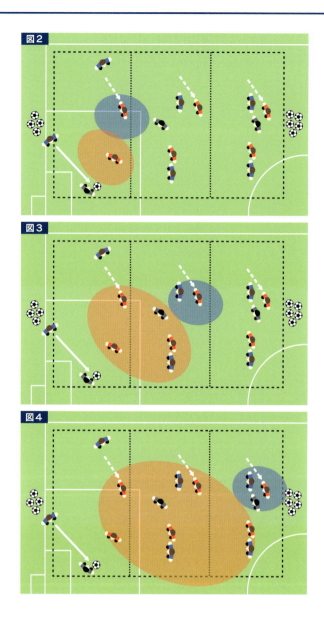

STEP 2 ダイアゴナルにしっかりと絞る

　多くのテーマに触れることができるメニューですが、その一例が、逆サイドの選手がダイアゴナルにずれるという守備のコンセプトになります。トレーニングの目的は、試合において、逆サイドの選手が中央に絞るでもなく、うしろに下がるでもなく、ダイアゴナルにしっかりと絞ることを促すためです。そうすることで、ボールに対してプレッシングするグループへのカバーリングができ、より後方の選手であれば、その前のブロック全体に対するカバーリングができます。「56」(ペナルティーエリア前での最後のディフェンダー)のコンセプトを確認するためにも使えるメニューです。

MIKEL ETXARRI's
BASIC NOTE 100

『1対2』よりも『3対4』の方が守りやすい

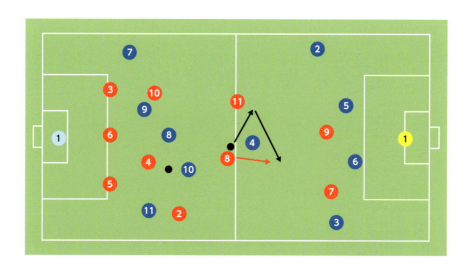

　1対2は、守るのが非常に難しい状況です。これは、特にピッチ中央で言えることです。だからこそ、そこで奪おうとするのではなく、ディレイをしながら後方のラインまで下がり、味方の帰陣を待ちます。もしくは、逆にラインを押し上げ、前に人数をかけて奪います。どちらにせよ、1対2よりも3対4の方が守りやすいのです。

MIKEL ETXARRI's
BASIC NOTE 100

壁パスにおける壁役は
出し手と反対側へ

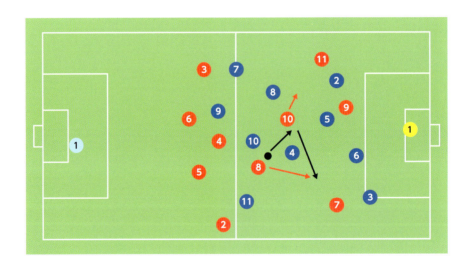

　壁パスを行う場合、出し手とは壁パスをスタートさせる選手で、壁役とは文字通りボールを受けて壁となり、出し手に再び返す選手のことです。出し手はパスを出したあとに、ボールを返してもらうために動きます。その際、壁役は出し手の動きとは逆の方向に動くべきです。なぜならば、自分をマークしている相手を出し手から遠ざけることでスペースを作りたいからです。この原理原則は、ピッチのミドルサードで多く適用されます。

「60」を実践する**練習例**

定番の壁パスシュート

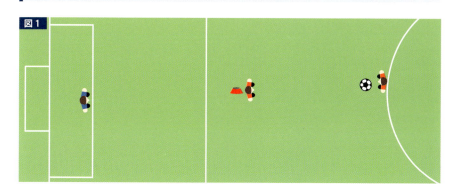

STEP 1 預けてから落としてもらってシュート

誰もが経験したことがある練習でしょう。ボールを持った後方の選手がフォワード役にボールを預け、落としてもらったボールをシュートするメニューです。

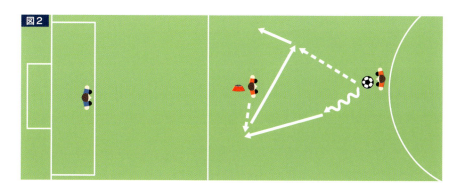

STEP 2 定番メニューにいくつかの工夫を施す

シンプルな定番メニューでも、工夫をいくつか施すだけで、サッカーに必要な普遍的な知識をしっかりと学ぶことができます。今回のメニューでは、壁パスを行う上での知識を選手たちと確認することができるでしょう。

見方

 攻撃　 守備　 マーカー　 ボールの動き　 人の動き　 ドリブル

ひとつ目の工夫としては、必ず右前方か左前方のどちらかにドリブルをするところから始めます。実際の試合では、ゴールに向かって垂直にボールを運ぶようなシーンはまず存在しないからです。もうひとつの工夫は、フォワードの選手が同サイドにサポートに入ってあげることです。逆サイドにプルアウェイした方がいいのではないか（「26」）との指摘が聞こえてきそうですが、これもありです。相手が比較的密集するペナルティーエリアでは、ボール保持者に対して、プレッシャーが特にかかっている場合があります。そういうケースでは、プルアウェイすることでボール保持者に提供できるパスコースがなくなったり、その動きをする時間がそもそもなかったりもします。そんなときには、壁パスの利用が非常に有効になります。プルアウェイをせずに同サイドにサポートをする理由は、相手を寄せさせることで、壁パスを行った際により多くのスペースと時間を出し手に提供するためです。

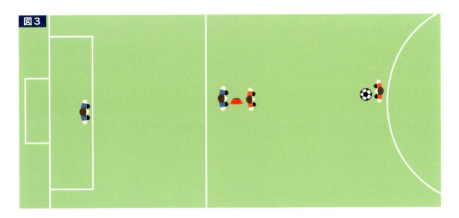

図3

STEP 3　フォワード自身がシュートする選択肢もある

　指導者が気をつけなければいけないことが、さらにあります。それはフォワードの選手がサポートを行う際に、ターンをして自分自身がシュートするという選択肢を失わせないことです。つまり、サポートに入る際に、体の向きを作って守備者と自分の距離を確認する作業を促します。グループの中で特に優秀で吸収力のある選手に対しては、キーパーがどこまで出てきているのかについても見させることが必要です。指導者が守備者になったり、選手のひとりを守備者として立たせたりして、攻撃側の判断を促していくことも発展系としてはいいでしょう。それによって、メニューの集中力を高めたり、持続させたりすることにつながります。

MIKEL ETXARRI's
BASIC NOTE 100

物体は通り抜けることができない。空中は支配することができない

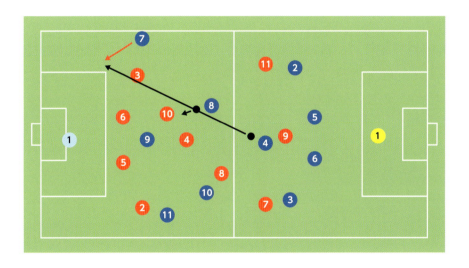

　守備をする際に、インターセプトを常に狙っているディフェンダーがいます。ボールが出てきたら、できるだけ近くまで寄ってプレッシャーをかけてやろうと。しかし、そういう選手は、浮き球パスの存在を忘れていることがありますし、空中のボールによって背後を取られて入れ替わられてしまう可能性を考慮していません。仮にそうなると、チームは、大きなピンチを迎えます。まずは相手に足元でボールを受けさせ、自分を突破しないとフィニッシュに至れないようなポジショニングを優先することが大事になります。なぜならば、物体を通り抜けることはできないのですから。

MIKEL ETXARRI's
BASIC NOTE 100

逆サイドのディフェンダーの体の向き

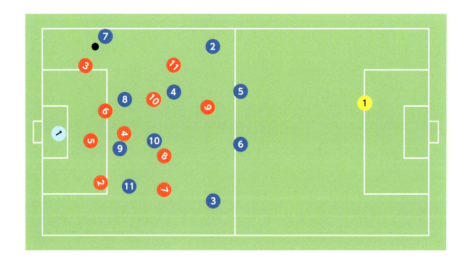

　相手チームの攻撃に対する逆サイドの守備陣の体の向きについて、実戦的で簡単な原則は、次のようなフレーズになるでしょう。「ボールはひとりではゴールに入らない（相手チームの誰かが触らなければゴールに入らない）」、もしくは「お尻の向きはゴールへ」というものです。試合中のボールは、選手のプレーコンセプトに対する注意を奪い、自身（ボール）に集中させようとします。十分な情報を得ることなく、どうやって的確な戦術的判断をするのでしょうか。指導者は、企画するトレーニングを通じて、選手たちが良い場所で良い体の向きを作るように促し、これを習慣化させなければいけません。

「62」を実践する**練習例**

2対4のクロス対応

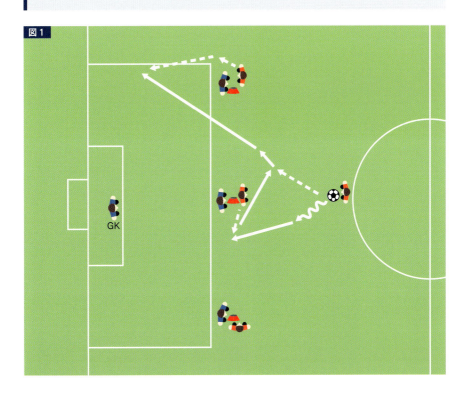

図1

STEP 1 壁パスからサイドへ

　図1のように、攻撃役4人、守備役3人とキーパーを置きます。攻撃役は前方に3人と後方にひとり（最初にボールを持つ選手）で、守備役は前方の攻撃役をそれぞれマークする形で並びます。後方の攻撃役が右前方か左前方にボールを運び、同サイドにサポートに入ったフォワードと壁パスを交換（「60」の練習例と同様）したあと、同サイドのアタッカーの前方のスペースにパスを出します。

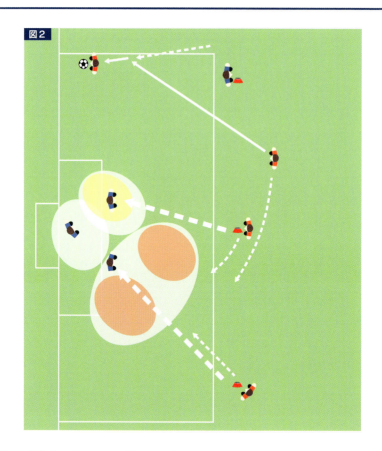

図2

STEP 2 情報を可能な限り更新できる状態にしておく

　サイドにボールが出た瞬間から、攻守の攻防が始まります。守備役の3人のうち、クロス側のサイドの守備役は、ここからの攻防に参加しません。突破されたと想定します。クロスを上げる選手は、ドリブルで中に切れ込むプレーを禁止とし、必ずクロスを上げなければいけない設定にします。あくまでもクロス対応が主な目的だからです。残り3人の攻撃役は、ゴール前の3つのゾーンに詰めます。

　守備役のふたりがまずやらなければいけないのは、自分の守るべきゾーンを知ることです。ここでは、ニアとそのほかのエリアをふたり（実際の試合であれば、最大の緊急事態になります。これ以下の人数で守ることは基本的に稀です）で守らなければなりません。まずはキーパーが出られるゾーンについて把握し、そのゾーンとふたりの守備者のゾーンがあまりにも重なることを避ける必要があります。このとき、ニアポストのゾーンは、比較的せまくなります。なぜならば、クロスが放たれてからそのゾーンに到着するための時間がほかと比べて短いため、それほど広い範囲を守れないからです。

　次にやるべきは、できるだけ速く、ダッシュで自分のゾーン（白）に向かうことです。体を相手の攻撃役にできる限り向けた上で、自分のゾーンに走ります。体を相手の攻撃役に向けるのは、相手の状況をできるだけ把握するために、情報をより得やすくするためにです。守るエリアが広めですし、ボールが到着するまでに時間がある分、相手のいろいろな選手がそこを突いてくる可能性があります。このとき、ボールの状況と誰がそこにやってくるかの両方を把握していなければ、情報不足になります。そこで間違った一歩を踏むと、そのポジションを修正している間に失点してしまうことが十分に考えられます。ゴール前での1秒のロスは、命取りになりかねません。体の向きを作り、情報を可能な限り更新できる状態にしておくことが重要です。

『触れ』と『放っておけ』

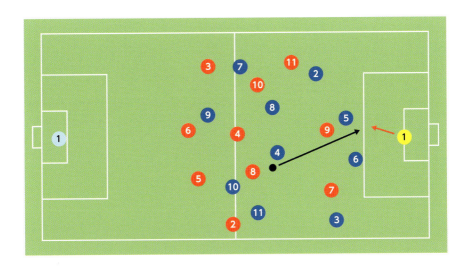

　自チームのディフェンスラインの背後に蹴り込まれたボールを処理するために、ゴールキーパーが出なければならないシーンがあります。その際、守備陣とのコミュニケーションが成立しないことで、失点したり、大きなピンチを迎えたりするケースが、しばしばあります。キーパーによる言葉が「オッケー！」であった場合、ディフェンダーがボールに触ってクリアすべきかどうかがよくわかりません。そこでは、曖昧なニュアンスを残さない、よりはっきりとしたボキャブラリーが使用されるべきです。「Toca（触れ）」、「Deja（放っておけ）」といった言葉がわかりやすいでしょう。

MIKEL ETXARRI's
BASIC NOTE 100

逆サイドのサイドバックはセンターバック方向に絞る

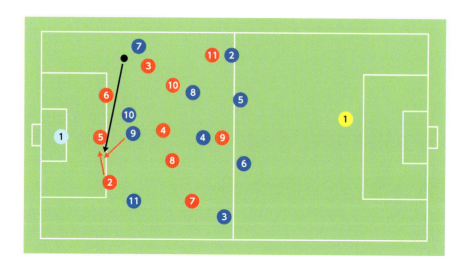

　優秀なフォワードの典型的なマークの外し方のひとつとして、中から外にふくらんで動くことによってセンターバックの背後を取るパターンが挙げられます。逆サイドのサイドバックは、このフォワードがシュートするのを防ぐために、中を閉じるべきです。もうひとつできるのは、センターバックに起こり得る未来について、前もって言及しておいてあげることでしょう。

「64」を実践する**練習例**

6対6の3ゴールゲーム

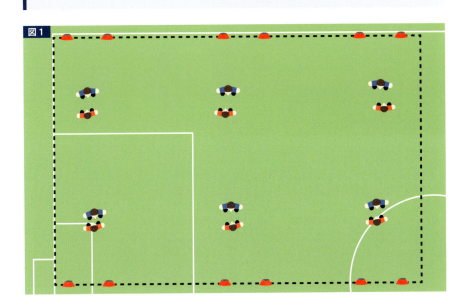

図1

STEP 1 強調したいコンセプトに応じて、オーガナイズを調整する

　横長グリッドでの6対6のゲームです。それぞれのチームは、攻めるゴールを3つずつ持っています。ドリブルでのゴール通過のみ、得点が認められます。この種のゲームでは、強調したいコンセプトに応じて、いろいろな形でオーガナイズを調整することができます。ゴールの数や大きさ、ゴールを置く場所、オフサイドの有無、選手の並び方などを変えるわけです。

見方

マーカー　人の動き

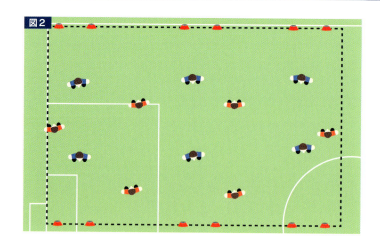

STEP 2 攻撃側が優位になるオーガナイズ

あえてズレが生まれるように、一方のチームの並びを2-4に、もう一方のチームの並びを3-3にします。そうすると、各チームがボールを持った際に優位性を持つエリアが出てきます。守備をする際、自分の左右前後にフリーになり得る相手選手が出てくるわけです。チーム全体で集団的にプレーしないと攻撃側が優位になる、オーガナイズになっています。

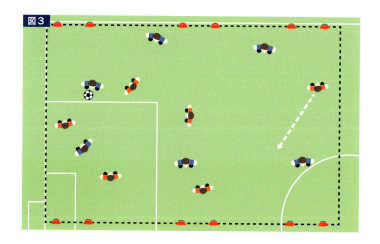

STEP 3 自分の立ち位置を調整する

攻撃側の優位性を封じるために、守備を行う際は自分の立ち位置を調整しなければなりません。たとえば、2-4でプレーする赤チームのボールサイドの選手は、サイドチェンジによってサイドでの数的優位を利用しようとする青チームに対し、しっかりと方向づけてプレッシャーをかけることが求められます。同時に、赤の逆サイドの選手は、中央に向かって絞ります。仮にサイドを変えられた場合でも失点しないように、味方のセンターバック（図3では赤の一番後方の選手）が突破されても、その背後をカバーリングしたりすることが求められます。

MIKEL ETXARRI's
Basic Note 100

本当の動きから嘘の動きへ

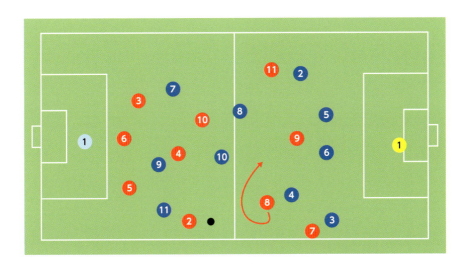

　ボールを持っている仲間が、サポートの動きを行っている味方の方にボールを運んでいったとしましょう。その味方は、ボール保持者に多くのスペースとパスコースを与えるために、ボールから遠ざかる動きをします。自分自身にもスペースが生まれ、ボールを受けやすくなるからというのも、そうする理由のひとつです。しかし、ボール保持者がその味方にパスをせずにボールを持ち続けて前進した場合、結果としてチームのバランスが崩れたならば、その味方は、ポジションバランスを調整するための動きをすぐに行わなければいけません。本気でボールを受けようとした最初の動きが、嘘の動きへと変わったことになります。

最後方の守備者は相手の最前方から2番目の選手にはアタックできない

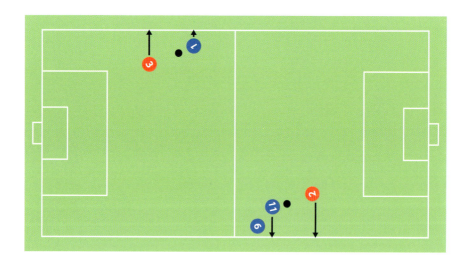

　サイドでの攻防の話です。守備者がそのサイドにおける最後方の選手であった場合、相手チームのボール保持者がサイドの最前方の選手であるならば、プレッシャーをかけてもいいでしょう。しかし、ボール保持者が最前方にいるのではなく、その選手よりも前方にポジションを取る選手がいる、あるいはその可能性がある選手がいる際には、守備者はボールにアタックすることはできません。問題は、この守備者が突破されないためだけではありません。この選手がサイドを突破された場合、守備ブロック全体が破られてしまうからです。

「66」を実践する練習例

4対4＋2フリーマンのゲーム

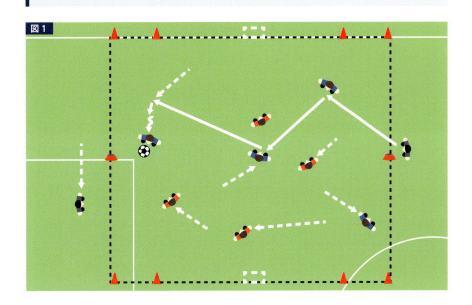

図1

STEP 1 守備の際のサイドの攻防における判断が大事

　サイドのグリッド外にフリーマンを置いた4対4のゲームです。各チームが攻めるゴールは3つずつあります。ひとつは中央にあるシュートゴールで、あとのふたつはサイドにあるラインゴールです。オフサイドを適用します。タッチラインの中央にマーカーを置いたのはそのためです。フリーマンもゴールを決めてかまいません。フリーマンは、ボールを外で受けたあとなら、グリッドの中に入れます。

　大事なのは、守備の際のサイドの攻防における判断です。プレッシャーをかけていいのはいつで、かけてはいけないのがいつなのかを見極めなければなりません。図1の例で言うと、守備側の赤は、この状況ではプレッシャーをかけに行ってはいけません。中央を使ったサイドチェンジによって青の右後方の選手がボールを運んできた場合、サイドではその瞬間に数的不利が生じています。その際に、赤の左後方の選手がボールに対してプレッシャーをかけるのは避けるべきでしょう。なぜならば、相手はサイドに開いているフリーマンを使うことができるからです。つまり、そのサイドの最後方の守備者（赤の左後方）は相手の最前方から2番目の選手（青の右後方）にはアタックできないということです。

　攻撃側で重要なのは、ボールを持ったときには中と外の両方を使うことです。図1では、中を一度使ったことで相手が中央を閉めて外が空き、結果としてサイドで数的優位の状況を作れたのです。

見方

フリーマン　ゴール　コーン　マーカー　ボールの動き　人の動き　ドリブル

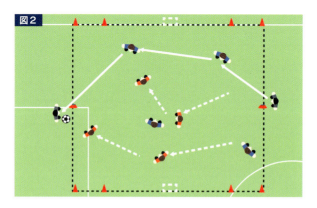

STEP 2 ▶ プレッシャーをかけていいケース

一方で、図2のようなケースでは、プレッシャーをかけに行っていいでしょう。サイドで数的不利な状況を作られているわけではないので、プレッシャーをかけに行くことができます。サイドの攻防において、赤の左後方の選手は「最後方の守備者」になります。そして、同サイドのフリーマンは「最前方の選手」です。最後方の選手は、最前方の選手にプレッシャーをかけてかまいません。

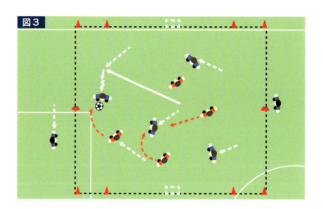

STEP 3 ▶ 原則から外れた場合のデメリットを知る

プレッシャーをかけに行っていい場合、いけない場合という今回の話は、あくまでも原則論です。試合では、原則を頭に入れながらも、状況によっては、相手の最前方から2番目の選手にプレッシャーをかけに行く判断を下すことも許されるべきです。ボール保持者の状況とボールを奪おうとする選手のタイプやレベルにも左右されるでしょう。選手としては、原則からあえて外れてプレッシャーをかけに行った場合にどんなデメリットが発生するのかを知っておくべきです。

図3の例を説明しましょう。サイドの選手がフリーなので、まずは、そこへのパスコースを切って寄せることが大前提になります。また、残りの選手が重要で、中央を経由して三角形によってそのサイドの選手を使われないように、赤の右後方の選手はそこへのパスコースを切りつつ、なおかつ背後を取られないように注意しながら、次のプレーの準備をしておかなければなりません。赤の右前方の選手は、中央にボールを入れられた際にしっかりとプレスに行けるように、気をつけていなければいけません。

MIKEL ETXARRI's
Basic Note 100

ストップを通じてだます

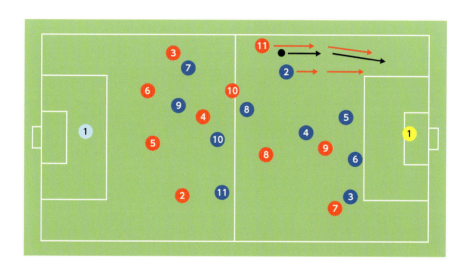

　ボールを持っている選手がスピードを一度急激に落としたり、完全にストップしたりすると、しばしば、相手の守備を弱体化させることにつながります。そのあとに高いインテンシティーでプレーを再開させることにより、集中力を欠いていた相手は驚き、対応が鈍くなるからです。これは、ボールがタッチラインを割ったり、ファウルを受けたりして、プレーが一度切れたときにも効果的です。

MIKEL ETXARRI's
BASIC NOTE 100

あらかじめ『いる』のと『現れる』や『つく』は違う

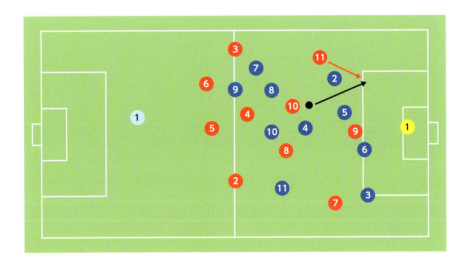

　ゴール前の局面で、攻撃の選手は、あるスペースに現れたり、ギリギリのタイミングでそこについたりすることで、より多くの利益を得ることができるでしょう。それは、あらかじめそこにいることとはまったく違います。あらかじめいる場合、相手に驚きを与えることはできません。

「68」を実践する**練習例**

4＋1対4＋1のミニゲーム

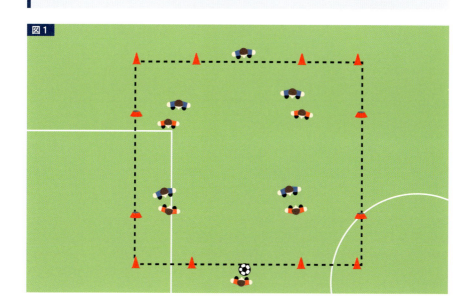

図1

STEP 1 ピッチの中央にスペースを作れる設定にする

　図1のように、グリッドの中に4対4を配置し、さらに、ゴール後方のグリッド外にそれぞれのチームの選手をひとりずつ置きます。5対5のミニゲームです。一番後方の選手は守備をすることができません。攻撃の際は5人、守備の際は4人でプレーするという設定になります。最後方の選手がボールを持った際に、相手の4人がプレッシャーに行くことは許されます。マーカーを置いた理由は、それらを左右に結んでオフサイドラインを引くためです。真ん中に引くよりも、それぞれのチームにとってゴールにより近い場所にオフサイドラインを引きたかったので、ラインが2本になっています。ピッチの中央にスペースを作れる設定にしたかったからです。より高い位置にオフサイドラインがあると、相手はラインを押し上げることができ、中央のスペースが発生しにくくなります。また、オフサイドラインを完全に取り払ってしまうと、今度はあまりにも奥行きができ、守備をする際に相手後方の選手にプレッシャーをかけにくくなってしまいます。ちなみに、ここでのオフサイドは一番後方の選手を数えません。攻めるゴールはそれぞれふたつずつあり、ともにラインゴールです。今回のラインゴールの幅は、比較的広めがいいと思います。後方の選手から長いボールを入れることでゴールを目指すプレーも促したいからです。ゴールがあまりにもせまいと、難易度が上がり、より細かいプレーが増えてしまいます。

見方

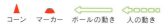

131

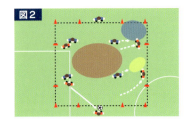

図2

STEP 2 中央のスペースを発生させるために、幅と深みを獲得する

　大事なのは、まずは中央にスペース（茶）を作ることです。言い換えると、ピッチを広げること。ボールに対して近い選手たちはピッチを広げ、ボール保持者にパスコースを提供します。しかし、それだけでは不十分で、同時に優位なポジションを獲得しておくことも大切です。それによって、パス1本で相手のプレッシャーのラインを突破する（薄い緑のスペース）ことができるからです。相手が中を閉じてきた場合は、外で優位性を獲得できます。ボール保持者の状況がそれを許さないようであれば、近くでのサポートがもちろん求められるでしょう。基本的にこのゲームでは、最後方の選手はスペースと時間を持ってプレーできることが多くなります。指導者は、そのあたりの状況判断も選手に求めていいと思います。優位なポジション取りをいつも優先していいわけではない点です。また、前方の選手たちにも、あることを要求しておかなければなりません。いつも下がってきて足元でボールを要求するのが全てではない点です。相手のポジションが良くないのであれば、背後を狙うボールを要求できるように深み（青のスペース）を取っておくべきです。以上のように、外のスペース（ここでは幅となる薄い緑のスペースと深みとなる青のスペース）の獲得によって、中央のスペースが発生するための前提を作ることが必要でしょう。

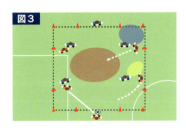

図3

STEP 3 タイミング良く「現れる」

　中央のスペースを使う上で気をつけるべきは、そのタイミングです。「現れる」という言葉は、タイミング良くその場所に存在する意味で、非常に有意義なワードだと思います。つまり、ボール保持者によってボールがコントロールされた瞬間に、その中央のスペースに向かうわけです。それによって、相手は対応に困ることになります。なぜならば、ケアしなければいけないスペースが3つ（薄い緑、青、茶）も存在するからです。現れた選手に相手の左後方の選手がついていった場合は、奥のスペース（青）を赤の右手前の選手が使えることになります。

図4

STEP 4 「いて」しまうと、スペースが消滅する

　早い段階で中央のスペースを使った場合はどうなるでしょうか。すなわち、そこに「いて」しまった場合はどうなるかということです。攻撃側は、奥のスペースを確保できなくなります。守備側はコミュニケーションを図る時間が増えたこともあり、図4のように中央にポジションを取るでしょう。3つあったスペースのうち、ふたつが消滅したことになります。タイミングの重要性を再確認することができるトレーニングです。

MIKEL ETXARRI's
BASIC NOTE 100

壁パスにおける 離れながらのサポート

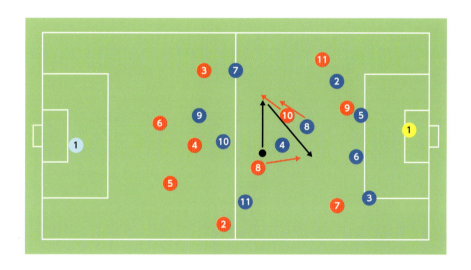

　壁パスを行おうとする際、自分たちをマークする相手選手同士の距離が短い場合は、壁役の選手は近づくのではなく、斜めに離れる動きをするべきです。マークする相手選手同士の距離を長くさせ、より広いパスアングルを作るためです。

MIKEL ETXARRI's
BASIC NOTE 100

壁パスでの幅と深み

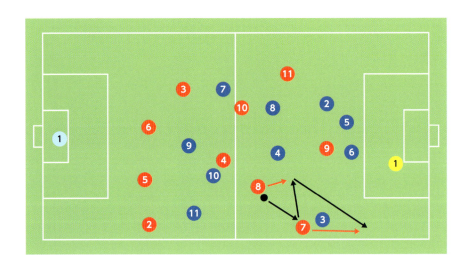

　サイドで数的優位の状況があり、その際に壁パスを使って相手を攻略するとします。壁役になる後方の選手は、ボールを持つ前方の選手に対してどのようにサポートするべきでしょうか。大事なのは、ボール保持者に急いで近づいていくことではなく、幅と深みを作ることです。それは相手ディフェンダーによるインターセプトやプレッシャーを回避するためだけではなく、壁パスのアングルを広げるためでもあります。

「70」を実践する**練習例**

壁パスからのクロス攻撃

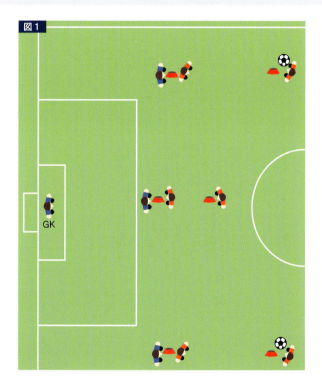

図1

STEP 1 4対2で攻撃

　図1のように、攻撃側の選手として、両サイドにふたりずつと中央にふたりを配置します。それぞれのふたり組の並び方は、いずれも縦の関係にします。守備側の選手は、両サイドと中央にひとりずつ置きます。サイドから攻撃を開始。右からの場合は、右サイドのふたりと中央のふたりの計4人が攻撃を行い、左からの場合は、左サイドのふたりと中央のふたりが攻撃します。守備をするのは、同サイドと中央の計ふたりです。

見方

攻撃　守備　マーカー　ボールの動き　人の動き　ドリブル

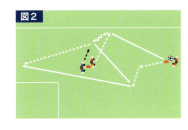

図2

STEP 2　サポートの角度を考える

　ボールを持った後方の選手が前方の選手にボールを一度預けることからスタートします。その際、前方の選手はサイドに下がりながら体の向きを作って足元でボールを受けられるサポートをし、後方の選手はそこにパスをします。守備の選手は、ボールがコントロールされるまではボールにアプローチしません。ここでは、壁パスを使って相手の背後を攻略することが決まっています。このタイミングでの守備者は、ボールを奪わず、あくまでも攻撃側がイメージを持って攻撃するための存在なのです。守備の仕方には決まり事を設けましょう。どこかのタイミングで必ずボールを奪いに行かなければいけないということです。注目したいのは、後方の選手のサポートの仕方です。守備のアプローチの仕方によって、そのサポートの角度を考えなければいけません。知っておかなければならないのは、幅を取ってサポートする方が壁パスが成立しやすいということです。背後を突く上でのアングルがよりできるからです。幅のない深みだけのサポートをした場合は、浮き球以外の壁パスは成立しません。ちなみに、守備者が中央へのパスコースを過剰に切ってアプローチしてきたら、そのまま縦にドリブル突破する判断を促すべきでしょう。サイドの守備役と攻撃役は、一定の時間で交代します。

図3

STEP 3　とにかく強く速いボールを上げる

　そのあとはふたりがゴール前に詰め、クロスの攻防になります。「28」「29」で紹介したクロス攻撃のメニューと同様に、3つのゾーンの中からニアに詰める選手を決め、もうひとりは残りのふたつのゾーンを受け持ちます。ボールに対して近い方が決定し、遠い方が修正する原則（「28」）を確認することも大事でしょう。クロスを供給する選手はとにかく強く速いボールを上げることを意識します。守備者はキーパーと協力し、3つのゾーンからのフィニッシュに対応します。クロスを上げる選手の状態やタイミング、詰める選手たちの状態、さらにはキーパーが出ることができるエリア、オフサイドかどうかなどの情報を駆使して危険を回避しなければなりません。非常に難しい作業です。ひとつの攻撃が終わったら、次に逆サイドから同じことを行います。

71

MIKEL ETXARRI's
BASIC NOTE 100

技術が高い選手は人に仕掛け、技術が低い選手はスペースに仕掛ける

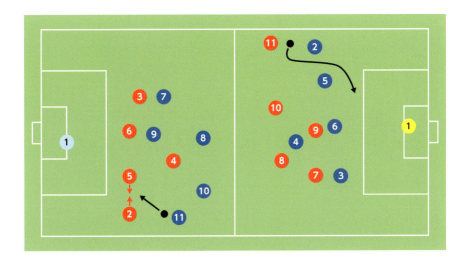

　サイドで攻撃を行う際、ボール保持者が技術的なクオリティーの高い選手であれば、対面の相手にドリブルで仕掛け、カバーリングの選手をも突破していいでしょう。しかし、ボール保持者が高い技術を備えていないのであれば、相手と相手の間にあるスペースにボールを運ぶべきです。なぜならば、そのアクションによって相手はスペースを閉じようとし、結果的に味方が使えるスペースができるからです。

MIKEL ETXARRI's
BASIC NOTE 100

動きが変われば、作られるスペースも変わる

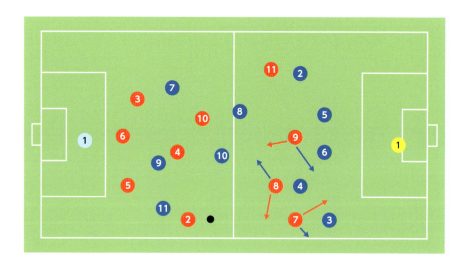

　ある状況下で、ひとりの選手がマークを受けています。その選手が自分でボールを受けるために、あるいは味方のためにスペースを作る場合、動きの種類が変われば、作られるスペースの種類も変わってきます。それぞれの動きがどこにスペースを作るためのものなのか、どんなパスコースを作るためのものなのかを分析することが大事です。目的に合わせて、その動きを使い分けることが重要になります。

「72」を実践する**練習例**

アクションの組み合わせ（Y字オーガナイズ）

図1

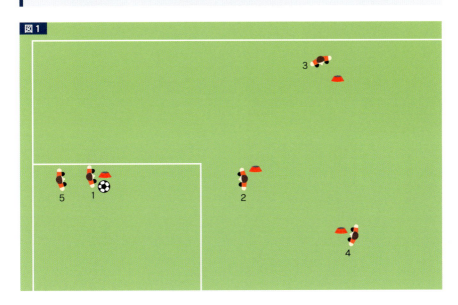

STEP 1 選手2の動きで、狙いたいスペースが変わる

　図1のように、Y字状に4カ所に分かれた上で、ボールを動かしていきます。中央にいる選手2の動き次第で狙いたいスペースが変わり、取り組むコンセプトも変わってきます。さまざまなコンセプトに取り組めます。ナンバリング（①から⑤）の順にローテーションしていきます。

見方

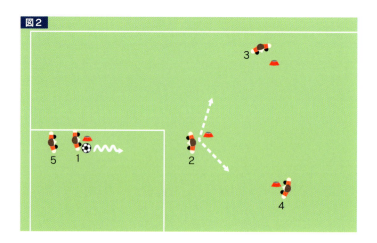

STEP 2 背後に移動する場合

　選手2がマーカーの背後に移動しながらパスコースを作った場合、選手1がドリブルでボールを運ぶスペースもできます。また、選手2が左右どちらの方向にパスコースを作るかによって、次にボールを受ける選手3のサポートの仕方が変わってきます。選手2が左方向（選手4の方向）に移動した場合は、選手3の右側にスペースができます。その逆、つまり選手2が右方向（選手3の方向）に移動した場合は、選手3の左前方にスペースができます。

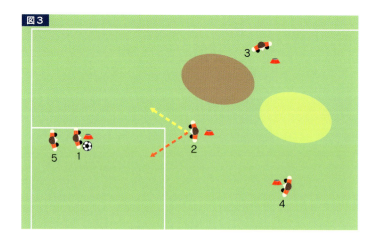

STEP 3 ボール保持者に近づく場合

　選手2がボール保持者である選手1に近づいてサポートを行った場合は、選手3の周囲にスペースが生まれます。左方向（赤の矢印）にサポートしたならば、選手3の右側（茶）に生まれ、その逆、つまり右方向（黄の矢印）にサポートしたならば、選手3の左前方（薄い緑）に生まれます。

幅と厚みを考慮した速攻の準備

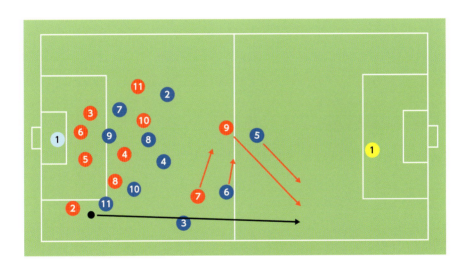

　いかに効果的に攻撃に転じることができるかは、自チームが守備をしている際に、攻撃陣がどんな場所に立って速攻に備えているかによるところが大きいものです。これらの選手たちは、互いに相互関係が生まれる、遠過ぎない距離間で幅と厚みを作っておくといいでしょう。また、守備ブロックを形成する中からも選手が飛び出してフィニッシュに参加すれば、なお良しです。その役割は、ボールを奪ったエリアとは逆のサイドの選手が担うことが多いでしょう。こぼれ球を拾うことも、重要になります。

MIKEL ETXARRI's
BASIC NOTE 100

数的不利な状況において、2列目からの飛び出しに注意しながら、オフサイドを誘発する

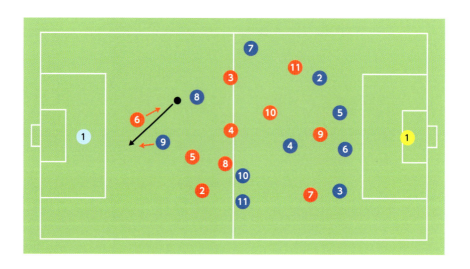

　数的不利な状況下で守備を行っている場合、まずは味方の帰陣を待つことが大切になります。そして、もうひとつ頭に入れておかなければならないのが、オフサイドを誘発することです。特に1対2の状況において。ボール保持者ではないもうひとりのアタッカーがあまりにも前がかりなときは、オフサイドにかけることができるでしょう。その際に注意すべきは、2列目からの飛び出しによってオフサイドが無効になってしまわないようにすることです。これは、トレーニングのやりがいが非常にあるテーマです。ピッチのさまざまな場所において、さまざまな角度や状況を想定して取り組んでいいでしょう。

「74」を実践する**練習例**

数的不利な状況における速攻への対応

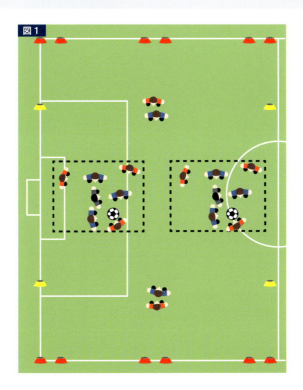

STEP 1 ボールを奪われたら、速攻を防ぐ

　図1のように、半面コートの中央にグリッドをふたつ設けます。それぞれで3対3＋1フリーマンによるポゼッションを行いますが、同時には稼働させません。どちらかだけです。そのほかに、グリッドとゴールの間に両チームの選手をひとりずつ（計4人）配置します。ポゼッションの最中にボールを奪ったチームが攻撃。赤のマーカーによる3つのライン通過ゴールをコートの両端に設置してありますが、どちらの側に攻めてもかまいません。黄色のマーカーはハーフウェーラインを意識したもので、そこからゴールまでのエリアでは、オフサイドありです。相手陣地でボールを奪われて速攻を受けた際に、いかに防ぐかのトレーニングです。ボールを奪った際に、速攻に加担できるのはひとり（2対1）。速攻に転じてから5秒以内にゴールを決めなければいけないというルールにします。

見方

 フリーマン　 マーカー　 人の動き　 ドリブル

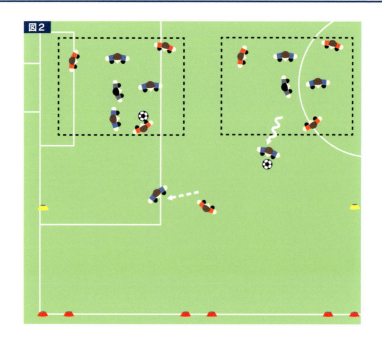

STEP 2　ひとりで準備する守備者は多くのことをケアしなければならない

　後方においてひとりで準備する守備者は、相手とゴールの間に立って背後を取られないようにするというマークの原則を忘れない一方で、オフサイドをうまく利用して守る必要もあります。いつまで背後をケアするのかが、重要になります。ボール保持者にプレッシャーをかけるタイミングをしっかりと考察することも大切で、その際は、パスコースを切りながらアプローチしなければなりません。ボール保持者が勢いに乗ってボールを運んできた場合は、ドリブルで突破されないために、相手との間合いを詰められるタイミングを見極めたり、ボール保持者とボールの間に自分の体をうまく入れられるタイミングを見計らったりすることが、必要になります。守備者にとっては、難易度が非常に高いメニューです。

MIKEL ETXARRI's
BASIC NOTE 100

ひとつに集中する方が
ゾーン内のすべてに集中するよりも
簡単である

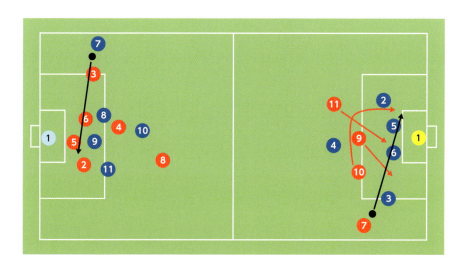

　マンツーマンで守るべきか、それともゾーンで守るべきか、あるいはミックスがいいのか、これは、今までに多くの議論がなされてきたテーマです。フィジカル面と戦術面から見て、マンツーマンには問題があります。しかし、難易度の点からすれば、マンツーマンの方が優れています。なぜならば、ひとつの物体だけに注意を向け続ける方が、ひとつのスペースの中に入ってくる全ての物体に注意を向けるのよりも、よっぽど簡単だからです。

MIKEL ETXARRI's
Basic Note 100

『ゾーンでマークする』のであって、『ゾーンをマークする』のではない

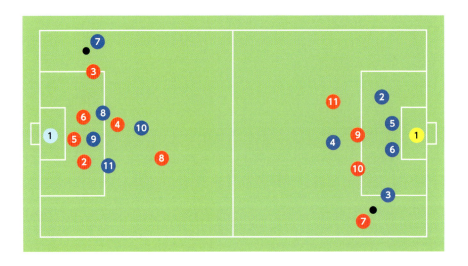

「ゾーンでマークする」という言葉には注意をしなければいけません。これは、チームにおいて各自が担当する守備エリアを区分けし、自分のエリアで相手がボールを受ける、もしくは受ける可能性があるときには、その選手にしっかりとアタックするという守備のコンセプトです。最終的に個人にプレッシャーをかける意味では、マンツーマンの守備とやることは変わりません。しかし、多くのサッカー場で、ゾーンでマークしているとうたいながら、自分のエリアで相手がボールを受けようとしているのに一向にマークをしない選手を見かけます。これはゾーンでマークしているのではなく、ただ単に、そのゾーンに立っているだけ、つまり「ゾーンをマークしている」に過ぎません。これは間違いです。

ゾーンは埋めるもの。
人はマークするもの

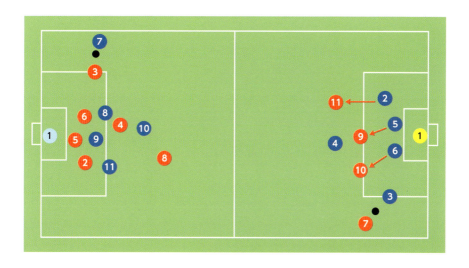

　ゾーンはマークされません。マークする対象はあくまでも人であり、ゾーンは埋める対象にしか過ぎません。

「76」「77」を実践する**練習例**

4対4＋2フリーマン

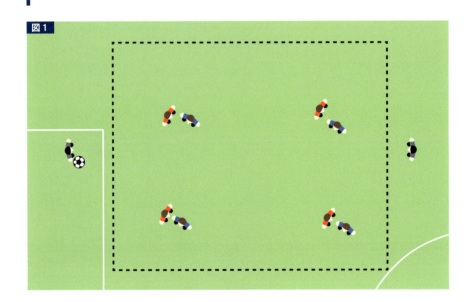

図1

STEP 1 ゾーンにおける3原則をその都度確認する

　図1のようにグリッドの中と外に人を配置（4対4＋2フリーマン）し、一方のフリーマンから反対側のフリーマンに届けることを目指します。フリーマンは、グリッド内でプレーすることも可能とします。グリッドのサイズは選手のレベルによって大きく左右されると思いますが、基本的には実際の試合で発生するサイズでいいと思います。配球は、フリーマンが常にスローインで行うようにします。スローインで配球するのは、導入的要素を入れたいからです。良くも悪くも「ぶつ切り」のリズムになりますが、そうすることで守備側の戦術的負荷を落としています。プレーが毎回途切れるので、ゾーンにおける3原則（右ページの「まとめ」参照）をその都度確認します。それができてきたら、ポゼッションの中で同じ要素を求めて普通に入ればいいでしょう。

見方

フリーマン　　人の動き

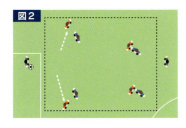

図2

STEP 2 ピッチを広げ、中央にスペースを作る

赤チームがボールを受けて始めます。反対側のフリーマンに届けるためには、いろいろな方法があるでしょう。ボールに対して近い2人がピッチを広げ、その動きに相手がついてきたら、図2のように中央にスペースができます。それをさまざまな形で利用することにより、ボールを反対側に運ぶことができます。

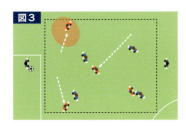

図3

STEP 3 中央のスペースを閉じられた場合

図3のように相手守備者が中央を閉じてきたら、ピッチを広くした赤の選手の足元のスペースをそのまま利用し、反対側のフリーマンに単純にパスをするのもいいでしょう。

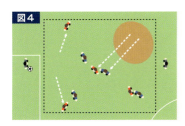

図4

STEP 4 遠い位置のスペースを利用する

図4のように遠い位置にスペースが生まれた場合は、反対側のフリーマンを含めた誰かがそこを利用することができます。反対側のフリーマンに対し、スローインのボールを直接渡してもかまいません。

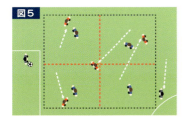

図5

STEP 5 グリッドを4つに区切り、目安にする

こうした攻撃面での前提を基に守備をどう行っていくのかを学ぶのが、このメニューの目的です。あくまでもゾーンで守備をするということで、どこからどこまで自分がついていくべきなのか、いつから人に行くのかについて確認していきます。グリッドを4つに区切り、それぞれを自分のゾーンの目安にします。選手たちには、フリーマンにもプレッシャーをかけていいことを確認しておきます。

まとめ

ゾーンの守備もマンツーマンの守備も、結局は人をマークする点では共通しています。ただし、マンツーマンの守備は基本的にはその選手にどこまでもついていくのに対し、ゾーンの守備は自分が「どこで」人に行くのかが決められている点でマンツーマンとは違います。まずは、自分のゾーンがどこなのかを知ることが大事です。もうひとつ重要なのは、人に行こうと決定するタイミング、ロックオンするタイミングです。まずは、この2つをトレーニングで説明するべきでしょう。また、ゾーンで守備をする際には、話したり、声を出したりして、味方に情報を与えるという要素が非常に求められることも忘れてはいけません。自分のゾーンを知る、人に行くタイミングを知る、味方に情報を与える、この3つを強調してトレーニングするべきだと思います。

MIKEL ETXARRI's
BASIC NOTE 100

マークの立ち位置を決定する要因

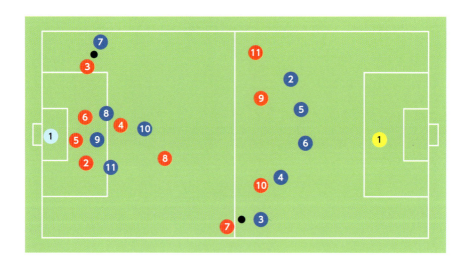

　マンツーマン、ゾーン、ミックスといった守備コンセプトの話とは別に、相手をマークする際は、その対象とゴールを結んだ線上に立つことが原則になります。しかし、それだけでは不十分。マークする対象と自分との距離について、もっと考察するべきです。全てはケースバイケースで、ボールとの距離、守るゴールとの距離、マークする対象のスピードに左右されます。だからこそ、ディフェンダーは、これらの情報をできるだけ速く入手できるように、相手の体の向きや目線などを意識しなければいけません。

攻撃における自由は
守備における安全性に基づく

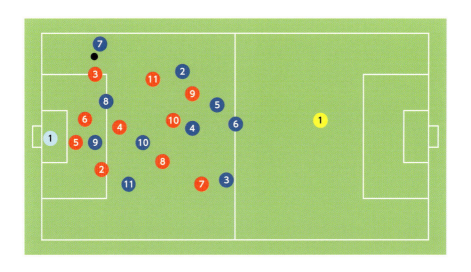

　ボールを奪ったら攻撃に転じますが、攻撃陣が攻撃に転じるためには、守備の準備をするグループの存在が必要です。私は、ピッチには常に３つのグループが存在すると考えます。攻撃をするグループ、守備をするグループ、そして、それらの両方を担うグループです。３つ目のグループは味方がフィニッシュに転じた際には攻撃に加担し、ボールを奪われて相手が攻撃に転じた際には守備に回るグループです。この役割は、ボールとは反対のサイドにいる選手が担うことが多くなります。

MIKEL ETXARRI's
BASIC NOTE 100

遠い成功のために近い危険を冒してはいけない

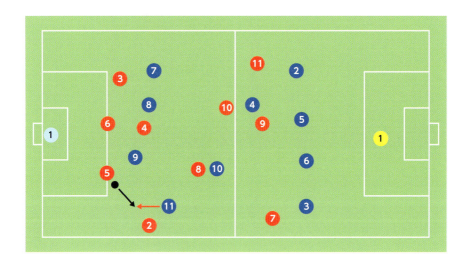

　自陣でリスクのあるパスを出すことは勧められません。たとえば、相手にプレッシャーを受けた中でのセンターバックからサイドバックへのダイアゴナルパスです。なぜならば、危険の方が成功よりも近くにあるからです。つまり、そのパスが失敗したときのリスクの大きさに比べ、そのパスが成功したときに得るチャンスはそれ程大きいものではないのです。一方で、同じパスを相手陣内で行った場合はどうでしょうか。中盤の選手が相手サイドバックにマークされているサイドアタッカーにパスを出すとします。ここでは、ボールを奪われても自ゴールは遠い場所にあり、逆に、パスが通った場合は大きなチャンスを得ることができます。成功の方が危険よりも近い存在ということです。

構造を整えるための動きは
チームにポジションバランスを与える

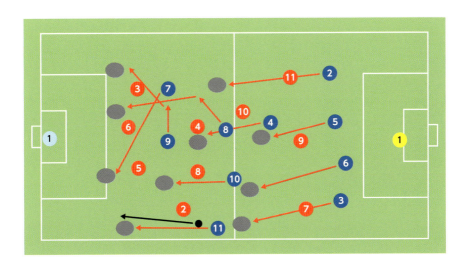

　ポジションバランスは、フットボールの戦術を話す上で非常に重要なウェイトを占めます。コンスタントに起きる継続したポジションの不均衡を調節して、バランスを獲得するには、チームがボールを持って攻撃をしているときに攻撃をしないグループが存在しなければなりません。そして、チームが守備をしている際に守備をしないグループが存在しなければならないことも重要になります。

MIKEL ETXARRI's
Basic Note 100

攻から守への『切り替えの前』に準備しておく

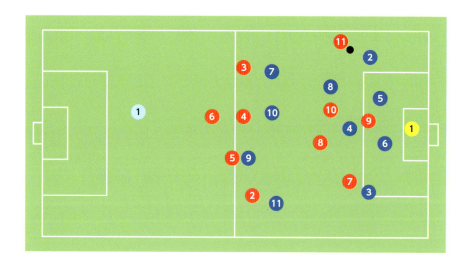

　自分たちのチームがボールを持って攻撃に転じているとき、攻撃に直接参加しない幾人かの選手によってなされたグループは、ボールを失った場合に備え、あらかじめ守備を始めていなければなりません。フットボールにおいて、攻撃と守備以外に、切り替えというモーメントがしばらく前から加えられました。そして、現代サッカーでは、それは非常に重要なパラメーターとして認識されています。しかしながら、その際に素早く切り替えなければならないのは、前述した攻撃のグループに属する選手たちです。守備やミックスに属するそれ以外のグループの選手たちは、その前の段階でそのモーメントに備えていなければなりません。切り替えの瞬間に対応し始めるのでは遅いわけです。そうすることで、チームの切り替えモーメントを「結果的に」強化することができます。

「82」を実践する**練習例**

「4対3」+「3対4」+2GK

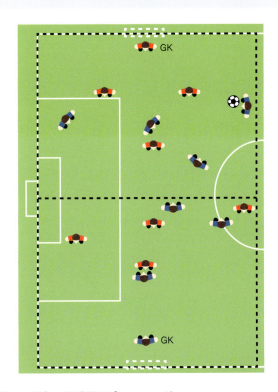

守備の準備とボールを失った瞬間のプレッシング

　7対7+2GKのゲームです。ピッチは2つに区切られていて、それぞれの中は「攻撃側4人対守備側3人+キーパー」になっています。大事なのは、自チームが攻撃をしている際に守備の準備をいかにしておくか、ボールを失った瞬間にいかにプレッシングを行うことができるかです。配球役となる指導者の役割も重要です。ボールがグリッドから出て攻撃側のプレーが切れた際に、それまで守備をしていたチームに素早く配球することで、トレーニングの中で目的とする現象をより発生させます。守備側が全てうまくボールを奪い切れるシーンはあまりありませんが、守備側がやるべきことをしっかりとやらずしてプレーが切れた場合には、それまでボールを持っていたチームに再度配球してください。様子を見ながら、オフサイドラインを自陣の真ん中か少し後方に設定してください。

見方

ゴール

155

MIKEL ETXARRI's
BASIC NOTE 100

守から攻への『切り替えの前』に準備しておく

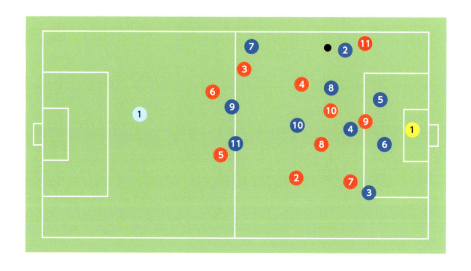

「82」と同じ話です。ただ、攻守が逆。自チームが自陣で守備をしているときに大事なのは、守備に直接関わらないグループは、味方がボールを奪った際に、攻撃に転じたり、ポゼッションに転じたりするためのオプションを動きを通じて提供することです。そのために気をつけなければならないのは、異なった高さ、異なった軸にポジションを取っておくこと。そして、味方がボールを奪った際のリアクションをできるだけ速く行うことです。

「83」を実践する**練習例**

5対5（3ゴールのミニゲーム）

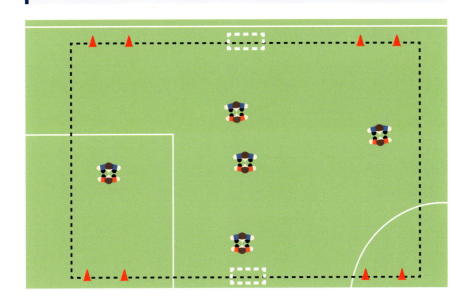

準備することが切り替えの瞬間の強化につながる

　5対5のミニゲームです。それぞれのチームが、3つのゴールに向かって攻めます。ひとつは真ん中にあるシュートゴールで、残りのふたつはラインゴールです。このラインゴールのサイズには注意が必要です。当たり前ですが、あまり広いとゴールを決めやすくなるので、ゴールを決めようとするプレーが増え、ゲームが切れることが多くなります。逆だと決めにくくなるので、もう一度やり直そうとするプレーが増え、メニュー自体の継続性は高まります。

　今回のテーマは、「34」の「全ての瞬間で攻撃と守備が存在する」と関連しています。サッカーにおいて、切り替えは非常に大事な局面です。自チームがボールを奪った、あるいは自チームがボールを奪われた、その切り替えの瞬間を強化するためには、その瞬間だけに注視していてはいけません。ボール付近にいる選手たちは、その瞬間におけるチップの切り替えがもちろん必要でしょう。しかし、それ以外の選手たちは、ボールが失われる前からその瞬間に向けて準備しておくことが大事なのです。その前の準備が、結果的にそのチームの切り替えの瞬間の強化につながります。

　メニューを始める前に、トレーニングの意図を選手にしっかりと説明してください。選手のポジションは、ある程度固定します。

見方

157

MIKEL ETXARRI's BASIC NOTE 100

特別な選手の模倣可能な部分とそうでない部分を区別する

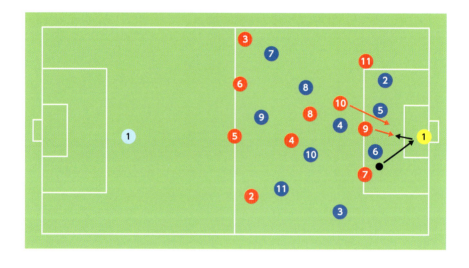

　どの職業でもそうですが、師から技を学ぶことがあります。それはフットボールでも同様で、みんながスター選手に憧れ、その選手たちの技を模倣しようとします。しかし、その模倣の対象を選ぶこともまた重要です。エリートたちの瞬時に状況を解析する眼、持って生まれたフィジカルコンディション、瞬間瞬間で何かを発明するその創造性、持って生まれた器用なボールさばきなどの才を模倣することは、決してできません。一方で、模倣可能な部分もあります。ロナウドのペナルティーエリアでのマークの外し方、ウーゴ・サンチェス（元メキシコ代表ＦＷ）やグアルディオラのボールを受ける前に情報を獲得する作業、ジネディーヌ・ジダン（元フランス代表ＭＦ）のパスを受けるときにボールから離れる動き、ラウル・ゴンサレス（元スペイン代表ＦＷ）のキーパーが弾いたボールに常に詰めるその継続性などです。トップレベルの選手たちの模倣可能な部分に注目するのは、大事なことです。

MIKEL ETXARRI's
BASIC NOTE 100

パスコースは短命である

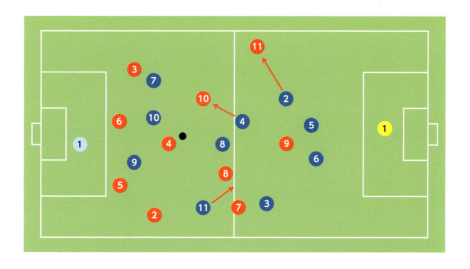

　自チームがボールを持っているときに大事なのは、相手ゴールに迫るためにチーム全体でパスコースを作ることです。ボールをポゼッションしようとしなくても、イニシアティブを握って相手ゴールに迫ることが大事になります。その際に気をつけなければならないのは、パスコースには賞味期限があり、すぐに腐ってしまうことです。相手がポジションを修正するたびに、そのパスコースは、インターセプトされるコースに様変わりしてしまうのです。選手たちは、新しいアクションを継続的に準備することを通じて、パスコースの獲得を目指さなければなりません。

良い状態の仲間がいる場所に自分のマークを引き連れていかない

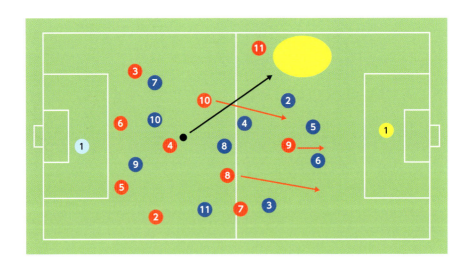

　自分と相手の関係だけに意識を向けていたことによって、味方がフリーでボールを受けようとする場所に自分のマークを引き連れていってしまう、そんな現象をほとんどのサッカー場で見かけます。なぜ、こんなことが起こるのでしょうか。状況を前もって見ていないから、もしくは原理原則の知識が足りないからです。いずれか、あるいは両方の欠如によって、ピッチ上の状況をうまく打開できない、そういう現象を本当によく見かけます。

「86」を実践する**練習例**

5対5のスローインゲーム

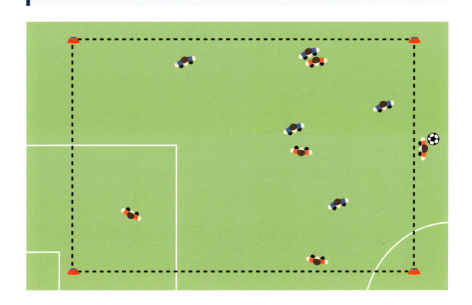

ボール付近の味方にプレーできるスペースを与える

　5対5のスローインゲームで、ライン（短辺）突破を目指します。まず大事なのは、ボール付近の味方にプレーできるスペースを与えることです。スローワーは、投げて終わりではなく、そのあともしっかりとプレーに参加しましょう。投げたあとは、プレー上の重要な選手になります。受け手のために、スペースをきちんと確保してあげることが大事。「出したあとに関わる」というコンセプトを強調することで、壁パスの発生を促せます。「スペースを作り、スペースを埋める」というコンセプトも、何度も確認できるでしょう。三角形のコンセプトも確認できます。サイドチェンジを目指すことが非常に大切なテーマですが、それだけではなく、同サイドを突破する意識も捨ててはいけないと伝えます。同サイドの高い位置にいる選手にとっては、自分の体をしっかりと使ってボールをキープし、そのまま突破していくプレーも大事なわけです。守備陣に対しては、マークにおけるポジショニングやカバーリングを徹底させ、そのスクリーンプレーを阻止する意識を持たせます。

　スローインの際にスローワーに近づいたところ、相手もついてきて、その結果、ボール付近のスペースがせまくなってボールを失いやすい状態を作り上げてしまったという状況を特に育成年代の試合でよく見かけます。ボールに寄らないことでどんなアドバンテージがあるのかを確認していきます。

見方

マーカー

写真＋記憶＝プレー視野

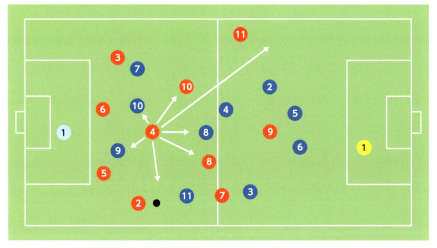

　優れたプレー視野をいかに持つことができるかが、フットボールをうまくプレーする上での最も重要なパラメーターになります。育成年代においては、その選手のプレー視野をいかに向上させるかが、その選手の成長を加速させるカギになります。では、優れたプレー視野はどのように獲得されるのでしょうか。試合中、常に首を振って周りを見ようとすることが大事だと言われます。それが、ボール、相手、味方、ゾーン、距離、状況などの情報を獲得し、周辺を支配することにつながるからです。私は、この作業のことを「写真を撮る」と表現します。選手のプレー視野は、「写真」の中にある情報を基に構成されます。できるだけたくさんの頻度で写真を撮った方がその情報の鮮度や質を高め、プレー視野を広げることになります。そして、撮った写真を何度も保存していくことで、脳に記憶として残すわけです。これら一連の動作は、日々のトレーニングで意識的に取り組むことによってのみ獲得されます。トレーニングが全てです。さらには、フットボールの原理原則の知識を並行して蓄積していく作業もまた重要だということを忘れてはなりません。その知識は、得られた情報を処理する際の手助けになってくれるからです。

MIKEL ETXARRI's
BASIC NOTE 100

静的ではなく
動的なコントロールを

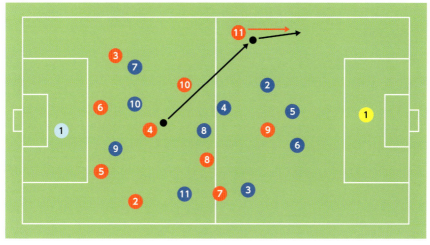

　ボールをコントロールする際には、相手がどこからプレッシャーをかけてくるのかを考慮しながら、そのコントロールを足元に止めないことが重要になります。プレッシャーをかけてくる相手のベクトルに対して、斜めに、垂直にボールをコントロールすることにより、相手に不確実性を与えられます。ジダンが、現役時代にこの手のコントロールをよく行っていました。

MIKEL ETXARRI's
BASIC NOTE 100

プレッシャーを受けてボールを運んだ場合、そのあとのボールの移動中に、『見えなかったエリア』に目をやる

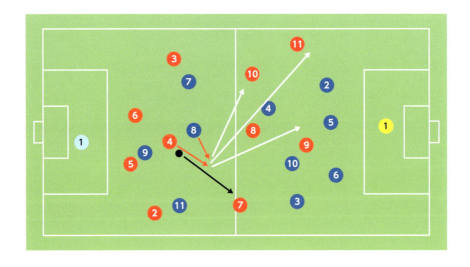

　ボールを運んでいるときに、ピッチの状況をくまなくチェックするのは不可能です。そのため、ボールを一度離したら、失った時間を埋めるべく、運んでいる間に見ることができなかったエリアにすぐさま目をやる必要があります。なぜならば、それらの情報を基に次のアクションを決めなければならないからです。見えなかった場所にいかに速く目をやるかが、その選手のプレーの質やスピードを上げるカギを握っています。ボールの移動中は、情報を得るための時間だと言えます。

「89」を実践する**練習例**

6対6の3ゴールゲーム

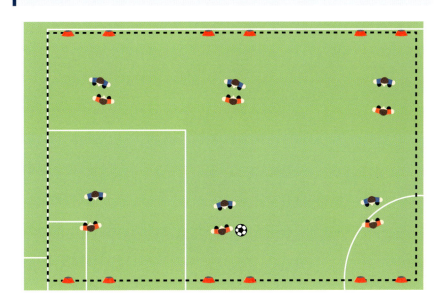

「あと」の時間にいかに動くか

　「64」で行ったのと同じメニューです。「64」のトレーニングは、自チームがボールを持っていない場合の難易度を上げるものでしたが、今回はボールを持っている場合の難易度を上げようとするものです。図のように並び、自分をマークする相手が常に近くにいる状態でプレーするようにします。ここで取り組む攻撃的コンセプトは、ボールを持っていないときに相手のマークからいかに離れてパスコースを作れるかです。自分がボールを持ってプレーした「あと」の時間にいかに動くかが、大事になります。指導者は、「あと」の時間の重要性を強調しなければいけません。

　このゲームのように、基本的にはどのエリアにおいてもマークされている選手しかいない状態の場合、「あと」の時間をいかに制してボールホルダーにオプションを与えてやれるかが大事になります。つまり、自分がパスを出したあとにパスコースをすぐに作ること、自分がパスを出したあとにランニングをしてボール保持者がボールを運ぶためのスペースを持てるようにしてやることが大切なのです。

　自分がボールを持っているときは、マークしてくる相手が常にいるため、顔を上げて情報を得ることが難しい状況にあります。サッカーにおいて非常に重要である情報を得る（見る）作業をボールを持っていないときにコンスタントに行わなければ、ボールが回らなくなってしまうようにしています。

見方

マーカー

MIKEL ETXARRI's
BASIC NOTE 100

斜めの動きと円を描く動き

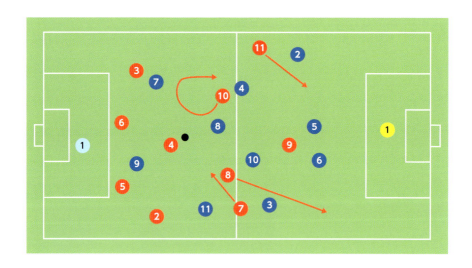

　ボールを持っているときやボールを受けようとしているときに、自分をマークする相手がいなかったらどうしますか。相手ゴールに向かって、できるだけ速く垂直に進めばいいでしょう。しかし、自分と相手ゴールの間に相手がいた場合はどうでしょうか。そのとき初めて、平行にプレーする可能性が出てきます。そして、垂直と平行をミックスすると、そこに斜めの動き、もしくは円を描く動きが発生します。そうすることにより、相手に不確実性を与えられます。

MIKEL ETXARRI's
BASIC NOTE 100

サイドで休憩する

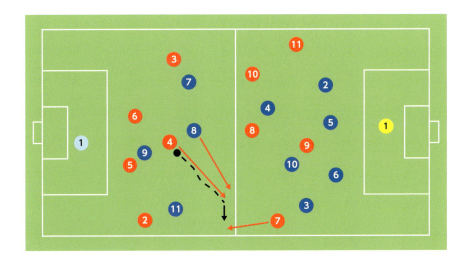

　ボールを持っている中央の選手がプレッシャーを受けているとき、サイドの選手はどんなプレーを求められるでしょうか。相手の背後でボールを受けるために、サイドを一生懸命に駆け上がる選手をよく見かけます。しかし、ボール保持者である味方がプレッシャーを受けている場合、サイドの選手は、一度ストップし、足元でボールを要求するべきです。そうすれば、ボール保持者は、ボールを失わずに、味方に預けることができます。私は、これを「サイドで休憩する」と表現します。

MIKEL ETXARRI's
BASIC NOTE 100

利き足を内側にして
プレーすることで作られる角度

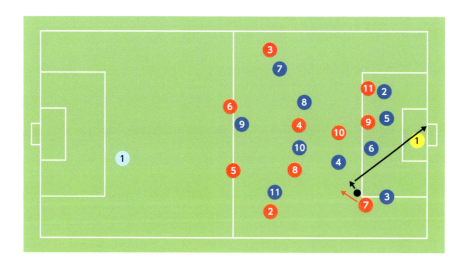

　アタッカーが利き足を内側にしてプレーすることによって作り出すことができる角度があります。ボールを持って内側にボールを運んだ際に生まれるシュートコースのことを指します。相手ディフェンダーは、基本的にはこのシュートコースを切ることができません。なぜならば、切り返しによって縦に突破されるリスクがあるからです。このようにして発生する角度をうまく利用するべきですし、ボールをより後方に運ぶことで、角度はさらに広がります。元ＦＣバルセロナのアタッカー、ダビド・ビジャが得意とするプレーでした。

軸足の指の向きは
ボールの軌道に影響を与える

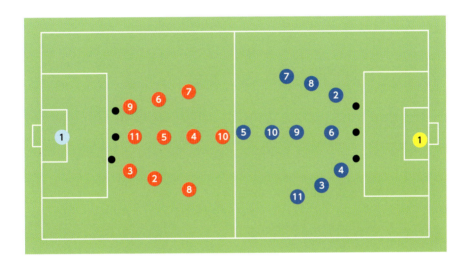

　インステップキックのときの軸足の指の方向は、ボールが向かう方向と大体同じになるべきです。たとえば、相手ゴールに対して斜めにボールを運んでシュートを打とうとする際、最後の踏み込み足は、ゴール方向に向いていなければなりません。なぜならば、そうすることで腰の回転幅が広がるので、より広いアングルにシュートを打つことができ、ボールにより強い力を加えることもできるからです。これは、サイドを駆け上がってクロスを上げる際にも言えることです。軸足の指の向きは、キックを行う際に留意しなければいけません。

MIKEL ETXARRI's
BASIC NOTE 100

フィニッシュにおける数メートルのアドバンテージ

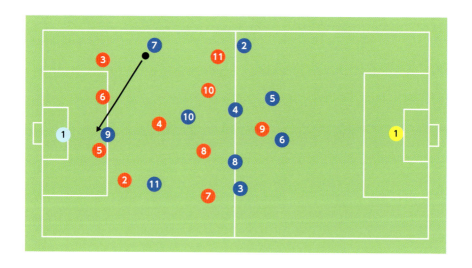

　多くの得点シーンが、ひとつのコンセプトの欠如によって失われています。得点のためには、相手ゴール前でマークが外れている状態は時として必要なく、数メートルのアドバンテージ、すなわち、少しのアングルと少しの距離があるだけで十分なのだというコンセプトです。わずかなポジション優位を獲得するための努力をいかにするか、そして、それを見逃さないようにするかをより強調する必要があります。その観点からすると、つま先でのキックの存在は、重要なものとしてもっと見直されるべきでしょう。

MIKEL ETXARRI's
BASIC NOTE 100

チームが守備をしているとき、攻撃者は同サイドで待つ

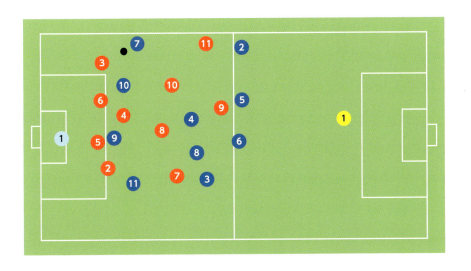

　自陣で守備をしているとき、守備に直接関与しない攻撃陣は、攻撃の準備をあらかじめ行っているべきです。では、どこに立てばいいでしょうか。自チームが守備をしているのと同じサイドに立つべきです。これにより、自チームがボールを奪った際には、速攻の起点になったり、ボールを失わないためにサポートしたりすることができます。

MIKEL ETXARRI's
BASIC NOTE 100

斜めのポジション回復

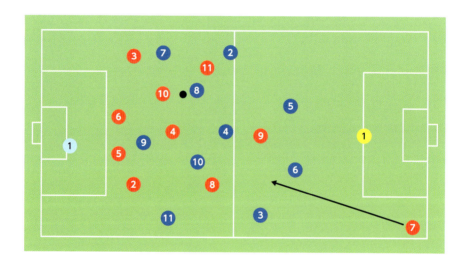

　チームが守備に回った際、ボール付近から遠い位置にいる攻撃の選手は、何をするべきでしょうか。チームのパフォーマンス向上に貢献するべく、でき得る限りの準備に努めるべきでしょう。あるアタッカーがあるサイドで攻撃を終え、相手チームが攻撃に転じたとします。このとき、そのアタッカーは、相手の攻撃が同じサイドで展開されている場合をのぞいては、サイドに平行に下りてくるべきではありません。自陣への戻り方としては、ピッチ中央に向かって斜めに下がってくるべきでしょう。こうすれば、自チームがボールを奪った際に中央でサポートできますし、あるいは逆サイドに流れることもできます。元々のサイドに再び動くことも、もちろんできます。

97

MIKEL ETXARRI's
BASIC NOTE 100

何人を前に並べるかではなく、何人と敵陣に迫るかが重要である。そして、ポジション優位を意識する

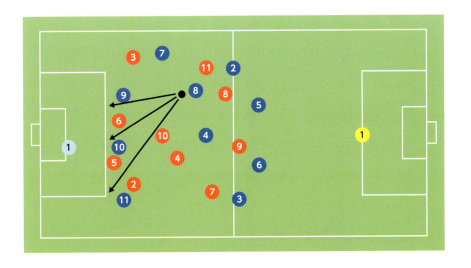

　攻撃時のパフォーマンスを良くしたいからといって、多くの選手を前線に並べればいいというわけではありません。大事なのは、何人と相手ゴールに迫るかです。その際は、ポジション優位を常に意識してプレーしなければなりません。

MIKEL ETXARRI's
BASIC NOTE 100

詰める選手はどこに詰めるかを選定し、クロスを上げる選手はどこにボールを届けるかを選択する

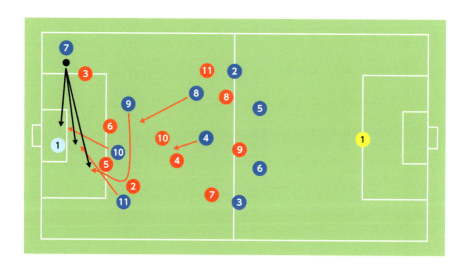

　クロスからの攻撃の際、ゴール前に詰める攻撃陣は自分がどこに詰めるかを選定し、ポジション優位を獲得しつつ、あとはタイミングを見計って、そこに詰めます。クロスを上げる選手は、どのエリアが最もアドバンテージがあるのかを見極めた上で、ボールを届ける場所を選択します。詰める選手たちにとって大事なのは、しっかりと決断し、そのアクションを実行することです。そうでないと、その動きを見ている味方（そのほかの詰める味方とクロスを上げる味方）に不確実性を与えてしまうからです。

MIKEL ETXARRI's
BASIC NOTE 100

サイドからパスを受ける 3人目の攻撃の選手は 止まるか少し下がる

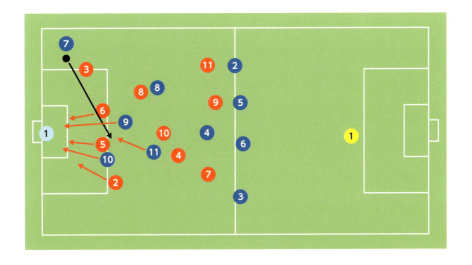

　サイドからグラウンダーのクロスが上がる際に、詰めるフォワードと守るディフェンダーがそれぞれ複数いるとします。自分の味方であるふたりのフォワードがパワーを持ってゴール前に詰めに行った場合、相手の守備陣は、それに対応するべく、ゴール前のポジションを固めようとします。そのとき、3人目の攻撃の選手は、動きを止めるか後方にポジションを取ることで、フリーになれます。

MIKEL ETXARRI's
BASIC NOTE 100

フィニッシュにおける交差の順番

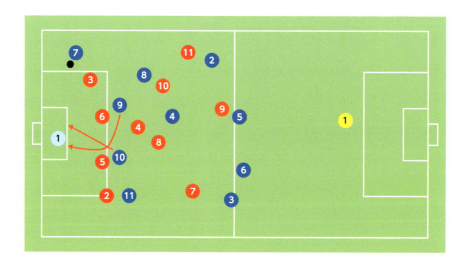

　クロスからの攻撃でゴール前にアタッカーがふたりいる場合、このふたりがクロスに詰める際は、互いに交差するように動くべきです。つまり、ファーポストに立つ選手がニアに向かい、ニアポストに立つ選手がファーへという具合です。また、順番としては、ニアに向かう動きが先に行われ、ファーへの動きはあとから行われるべきです。これは、クロスのボールと人とのタイミングが合うために必要となる時間がそれぞれの場所で違うからです。守備陣に迷いを生じさせ、その結果、スペースをより創出することができるからでもあります。

最後に

MIKEL ETXARRI's
BASIC NOTE 100

人間は最後の日まで学び続けることができる

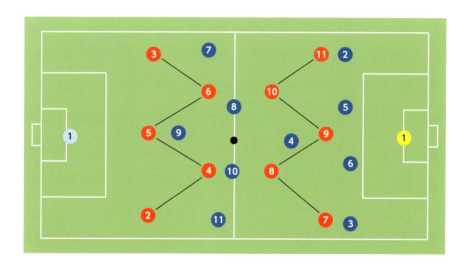

　どんな職業に携わるにしても言えることですが、人間は、その職を離れる最後の日まで、自らの分野における、より優れた存在であるための努力をしなければなりません。人間は、最後の日まで学び続けることができるのです。フットボールの指導者と選手が、自分はここまででいい、自分は十分に知っているなどと満足することは、決して許されません。フットボールも、ほかの職業と同様に、進化することを止めないのですから。

おわりに

本書が日本で出版されることを心からうれしく思っています。ここスペインのバスクで活動する日本人指導者の岡崎篤氏とフットボールについて議論したり、日本の試合を見たり、実際に日本へ行って多くの方々と交流する中で、私の日本への思いはふくらんできていました。日本のフットボール関係者に、自分の考えを広く知ってもらえるのは光栄です。この本のために尽力してくださった、順天堂大学の吉村雅文教授、ベースボール・マガジン社の冨久田秀夫氏、プロフェッショナルライターの関孝伸氏に、この場を借りて感謝の意を表します。岡崎氏からは、3人の存在なしにはこの本は絶対に出版されなかったと聞いています。本当にありがとうございました。

とても小さい頃からフットボールをして遊ぶことが大好きだった私は、13歳のときに自分の町を代表するクラブに入り、県選抜のメンバーにも選ばれるようになりました。その頃から、遊びではなく真剣な競技として、フットボールをとらえるようになっていきました。トップ下でプレーしていた私は、左利きでテクニックがあるものの小柄でした。フィジカルでは勝てなかったそんな私は、ほかの選手よりも素早く考えたり、立ち位置を工夫したりするようになりました。しかし、ヒザに大きな怪我を負い、25歳で現役生活を引退しました。

フットボールの現場に存在し続けるために私に残された道は、指導の世界に進むことでした。そのとき、私は27歳。この世界にのめり込むのに、時間はかかりませんでした。1978年にUEFAの最上級ライセンスを取得し、その年に指導者養成学校のインストラクターを務めるようになりました。それからというもの、40年近く、中断することなく、指導者の養成に力を注いでいます。担当教科は技術に始まり、そして、現在は戦術を教えています。

これまでに多くの講習会やカンファレンス、議論を繰り返してきましたが、その中で自分が大事にしてきたのは、フットボールの競技力を高めるために必要な知識やその方法論の開発でした。たとえば、物理の世界に存在するスペース、時間、スピードといったパラメーターをフットボールに活用しようと思ったのは、そうした知への旅の途中でのことでした。これらのパラメーターは、戦術を理解する上で非常に有効なものでしょう。

そんな中、まずは80年代にさまざまなシステムにおけるコンセプトを構築し、それを2003年に書籍化しました。ボールを持っているときと持っていないときにそれぞれ留意するべきポイントについてや、各ポジションの動き方、ピッチ上にあるスペースをどう埋めていくべきかなどの内容でした。

そして、そこからより普遍的な知識を探すようになっていきました。システムにしばられないコンセプト、フットボールの本質をより突いたコンセプトです。それらを言葉という形で残そうとしたのが、今回の本の中身です。シンプルな内容になることを意識しているので、比較的わかりやすく読んでもらえると思います。

　若い指導者の人たちに、特に勧めたい本です。いずれかのコンセプトは、みなさんの指導現場できっと活かせることでしょう。ただ、あくまでも、それらがフットボールの見方を学ぶ上でのきっかけになってくれればいいのだと思っています。それというのも、みなさん自身のコンセプトを最終的に作っていくための刺激のような存在になってほしいからです。そのためには、とにかくたくさんのフットボールを見なければならないでしょう。そして、現れた現象がなぜ起こったかについて、自分の頭で考えることが必要になります。多くの時間を費やすことになるでしょう。

　この本は、そんなみなさんの旅のおともになれればいいなと考えて作られたものです。みなさんのこれからのフットボール人生が豊かなものになることを心から祈っています。

ミケル・エチャリ

年末には毎年恒例となっているバスクＡ代表の指揮を執る著者（左端）

179

ミケル・エチャリ

1946年9月18日生まれ。サンセバスチャン出身のスペイン・バスク人指導者。バスク・サッカーの代表格であるレアル・ソシエダで20年以上勤務し、育成年代コーチ、育成ディレクター、U-23チーム監督、トップチームコーチ、強化ディレクターを歴任した。また、「現地指導者養成の父」と呼ばれ、指導者養成インストラクターとして約40年にわたり、若手指導者の育成にあたっている。ガイスカ・ガリターノ(スペインのデポルティボ・ラコルーニャ監督)、ウナイ・エメリ(フランスのパリ・サンジェルマン監督)、フアン・マヌエル・リージョ(スペインのセビージャ ヘッドコーチ)など、スペインそのほかにおいて現在トップレベルで活躍する、多くの指導者を教え子に持つ。バスクA代表の監督。アスレチック・ビルバオ、レアル・ソシエダ、エイバル、オサスナ、アラベスといったバスクのプロクラブから選手を招集して年に1度行われる、FIFA公認の国際親善マッチで指揮を執る。

岡崎 篤

1985年4月21日生まれ。大阪府枚方市出身で、UEFAプロライセンスを所有する指導者。筑波大学大学院卒業後の2010年に、指導者としての力を養うために、スペインのバスクへ渡った。これまでに、現地のジュニア、U-15、U-18、社会人チームにおいて、第1監督を歴任。16-17年シーズンは、アスカルチャFT・ユースA、同U-11の2チームで監督として指導する。15-16年シーズンは、乾貴士(日本代表)が所属するエイバルに帯同し、同選手のトレーニング通訳を務めた。日本サッカーとバスク・サッカーの架け橋となる事業を展開する現地法人、フッボラの代表としても活動する。

世界一受けたいサッカーの授業
戦術・戦略に欠かせない100の基本

2017年2月28日　第1版第1刷発行

著　者　ミケル・エチャリ
発行人　池田哲雄
発行所　株式会社ベースボール・マガジン社
　　　　〒103-8482　東京都中央区日本橋浜町2-61-9 TIE浜町ビル
　　　　電　話　03-5643-3930（販売部）
　　　　　　　　03-5643-3885（出版部）
　　　　振　替　00180-6-46620
　　　　http://www.sportsclick.jp/

印刷・製本　広研印刷株式会社

© Mikel Etxarri 2017
Printed in Japan
ISBN978-4-583-11094-3 C2075

※本書の文章、写真、図版の無断転載を禁じます。
※本書を無断で複製する行為（コピー、スキャン、デジタルデータ化など）は、私的使用のための複製など著作権法上の限られた例外を除き、禁じられています。業務上使用する目的で上記行為を行うことは、使用範囲が内部に限られる場合であっても私的使用には該当せず、違法です。また、私的使用に該当する場合であっても、代行業者等の第三者に依頼して上記行為を行うことは違法となります。
※落丁・乱丁が万一ございましたら、お取り替えいたします。
※定価はカバーに表示してあります。